安徽师范大学文学院学术文库（第三辑）

孟庆惠方言学文集

MENG QINGHUI FANGYANXUE WENJI

孟庆惠 著

安徽师范大学出版社

·芜湖·

责任编辑:侯宏堂
特约编辑:伍　慧
装帧设计:丁奕奕　欧阳显根

图书在版编目(CIP)数据

孟庆惠方言学文集/孟庆惠著.— 芜湖:安徽师范大学出版社,2019.11
(安徽师范大学文学院学术文库.第三辑)
ISBN 978-7-5676-3813-6

Ⅰ.①孟… Ⅱ.①孟… Ⅲ.①江淮方言 – 方言研究 – 安徽 – 文集 Ⅳ.①H172.4–53

中国版本图书馆CIP数据核字(2018)第237982号

本书由安徽高校省级学科建设重大项目资助出版

孟庆惠方言学文集

孟庆惠　著

出版发行:安徽师范大学出版社
　　　　　芜湖市九华南路189号安徽师范大学花津校区　邮政编码:241002
网　　址:http://www.ahnupress.com
发 行 部:0553-3883578　5910327　5910310(传真)　E-mail:asdcbsfxb@126.com
印　　刷:江苏凤凰数码印务有限公司
版　　次:2019年11月第1版
印　　次:2019年11月第1次印刷
开　　本:700 mm×1000 mm　　1/16
印　　张:13.25
字　　数:200千字
书　　号:ISBN 978-7-5676-3813-6
定　　价:39.80元

总　序

　　安徽师范大学文学院的前身是1928年建立的省立安徽大学中国文学系，是安徽省高校办学历史最悠久的四个院系之一。1945年9月更名为国立安徽大学中文系，1949年12月更名为安徽大学中文系，1954年2月更名为安徽师范学院中文系，1958年更名为合肥师范学院中文系，1972年12月更名为安徽师范大学中文系，1994年10月更名为安徽师范大学文学院。这里人才荟萃，刘文典、陈望道、郁达夫、朱湘、苏雪林、周予同、潘重规、宗志黄、张煦侯、卫仲璠、宛敏灏、张涤华、祖保泉、余恕诚等著名学者都曾在此工作过，他们高尚的师德、杰出的学术成就凝成了我院的优良传统，培养出了一大批出类拔萃的各类人才。

　　文学院现设有汉语言文学、汉语言、秘书学、汉语国际教育等4个本科专业，文学研究所、语言研究所、古籍整理研究所、美育与审美文化研究所、艺术文化学研究中心等5个研究所（中心）。拥有中国语言文学博士后科研流动站，中国语言文学一级学科博士点，中国语言文学、艺术学理论两个一级学科硕士学位点；设有中国古代文学等10个硕士学位二级学科授权点和学科教学（语文）、汉语国际教育两个专业学位点；有1个安徽省A类重点学科（中国语言文学），3个安徽省B类重点学科（中国古代文学、汉语言文字学、中国现当代文学）；有1个国家级特色专业建设点（汉语言文学专业），1个国家级教学团队（中国古代文学），两门国家级精品课程（文学理论、大学语文）；主办1种省级刊物（《学语文》）。

文学院师资科研力量雄厚，现有在岗专任教师82人，其中教授28人，副教授35人，博士55人。2010年以来，本学科共主持省部级以上科研项目100项，其中国家社科基金项目28项（含重大招标项目和重点项目各1项），获得省部级以上奖励9项。教师中，有国家首届教学名师1人，享受国务院特殊津贴12人，皖江学者3人，二级教授8人，5人入选省级学术和技术带头人，6人入选省级学术和技术带头人后备人选。

走过八十多年的风雨征程，目前中文学科方向齐全，拥有很多相对稳定、特色鲜明的研究领域。唐诗研究、古代文论研究、儿童语言习得研究、古典文献研究、宋辽金文学研究、词学研究、当代文学现象研究、古典诗歌接受史研究、梵汉对音研究、句法语义接口研究等，在全国居于领先地位或在学术界有较大影响。特别是李商隐研究的系列成果已成为传世经典，国务院学位委员会委员、北京大学教授袁行霈先生说，本学科的李商隐研究，直接推动了《中国文学史》的改写。

经过几代人的薪火相传，中文学科养成了严谨扎实的学术传统，培育了开拓创新的学术精神，打造了精诚合作的学术团队，形成了理论研究与服务社会相结合、扎根传统与关注当下相结合、立足本位与学科交融相结合、历代书面文献与当代口传文献并重的学科特色。

21世纪以来，随着老一辈学者相继退休，中文学科逐渐进入了新老交替的时期，如何继承、弘扬老一辈学者的学术传统，如何开启中文学科的新篇章，成了摆在我们面前的迫切任务。基于这一初衷，我们特编选了这套丛书，名之为"安徽师范大学文学院学术文库"，计划做成开放式丛书，一直出版下去。我们认为，对过去的学术成果进行阶段性归纳汇集，很有必要，也很有意义，可以向学界整体推介我院的学术研究，展现学术影响力。

现在奉献的是第三辑，文集作者既有年高德劭的退休老师，也有年富力强的年轻学者，学科领域涵盖中国文学、语言学、美学、逻辑学等，大致可以反映文学院学术研究风貌的历史传承与时代新变。

我们坚信，承载着八十多年的历史积淀，文学院必将向学界奉献更多的学术精品，文学院的各项事业必将走向更悠远的辉煌！

储泰松

二〇一五年十二月

目　录

黄山话的ʨ、ʨʻ、ɬ及探源

　　黄山话指的是我国风景区黄山所在地歙县黄山公社的话。它是徽州话的一种地点方言。黄山话的ʨ、ʨʻ、ɬ（或写作tl、tlh、l）是汉语里少见的辅音成分。本文除了分析它们的音值之外，还对其音类进行了历史比较，并对其音值进行了探源。

一

　　歙县境内的方言有ʨ、ʨʻ、ɬ声母的，除黄山话以外，在歙县南乡的十多个公社的方言里也有。例如：王村、深渡、北岸、漳潭、棉潭、昌溪、武阳、小川、洽河、岔口等公社，以及绍濂公社的立新、驼岗两个大队，坑口公社的薛潭大队。不过，在南乡话里ʨ、ʨʻ、ɬ的拼合能力没有在黄山话里强。南乡话里的ʨ、ʨʻ、ɬ一般只能跟l（边音韵母）拼合。字音的来源也局限于止摄开口的支、脂、之韵的"精""庄""章"三组声母。而黄山话的ʨ、ʨʻ、ɬ声母却可以同18个韵母拼合，并能构成很多字音。

　　黄山公社内部的话虽然也有差别，但是ʨ、ʨʻ、ɬ这三个声母却很一致。字音的来源也基本相同。为了讨论的方便，我们用黄山公社所在地汤口的语音作为代表。

　　黄山话共有四个舌边辅音，即l、ʨ、ʨʻ、ɬ。其中l的音值跟北京语音的相同，也是舌尖中浊边音。ɬ是与l同部位的舌尖中清边擦音。ʨ、ʨʻ是由舌尖中和舌边中两个部位构成的舌尖、边清塞擦音。

我们认为，tɬ、tɬʻ的发音既不同于由单一部位阻碍构成的单辅音，也不同于形成阻碍有先后之分的，由两个辅音缀合而成的复辅音。我们认为黄山话的 tɬ、tɬʻ 不是复辅音。我们把 tɬ 叫做舌尖、边不送气清塞擦音，把 tɬʻ 叫做舌尖、边送气清塞擦音。它们的音值与广西龙胜苗族伶话中的 tʟ、tʟh 相同。①与罗常培、王均两位先生在《普通语音学纲要》一书中列举的威宁苗语（tʟu"黑"、thʟi"变"）、通什黎语（tɬai"耳朵"）和撒尼彝语（tɬe"鹰"）中的复辅音 tʟ、thʟ、tɬ 相同。

黄山话 tɬ、tɬʻ、ɬ 声母与韵母、声调的配合有以下几个特点：

1. 黄山话共有 23 个韵母。tɬ、tɬʻ、ɬ 声母可以同除了 ɚ、iɛ、yɛ、ai、iɛŋ 以外的 18 个韵母拼合。开口、齐齿、合口、撮口四呼都有字。

2. tɬʻ、ɬ 各调都有字音，tɬ 无阳平字。

3. 辅音韵母 ɿ 只能同 tɬ、tɬʻ、ɬ 拼合。

4. tɬ、tɬʻ、ɬ 同 ɿ、u、y、ia、ua、iu、yː̆、uː̆、uŋ 拼成的字音中，没有入声字。

这里，我们再对黄山话 tɬ、tɬʻ、ɬ 声母字的来源进行探讨，从而在声类上说明它们跟北京语音以及中古切韵音系的对应关系。

黄山话 tɬ、tɬʻ、ɬ 声母字的来源是：第一，中古音"精""清""从""心""邪""庄""初""崇""生"的全部字；第二，中古音"知""彻""澄""章""昌""船""书""禅"的一部分字。它包括了北京语音的 ts、tsʻ、s 声母字和一部分 tʂ、tʂʻ、ʂ、tɕ、tɕʻ、ɕ 声母的字。它们之间的主要对应关系，列简表如下：

黄山	中古音声类	具体条件	北京
tɬ、tɬʻ、ɬ	精清从心邪	全　部	ts、tsʻ、s tɕ、tɕʻ、ɕ
	庄初崇生	全　部	tʂ、tʂʻ、ʂ ts、tsʻ、s

①王辅世：《广西龙胜伶话记略》，载《方言》1979 年第 2 期。

黄山	中古音声类	具体条件	北京
	知彻澄	1.开口韵限于咸开二感洽,山开三仙,江开二江觉,梗开二庚陌,梗开三清昔,假开二麻,效开二肴 2.合口韵限于蟹合三祭,止合三脂,臻合三谆,通合三东钟	ʈʂ、ʈʂ‘、ʂ
	章昌船书禅	1.开口韵限于止开三支、脂、之,深开三侵缉 2.合口韵限于遇合三虞,蟹合三祭,止合三支脂,臻合三谆尤,通合三东屋,钟烛	

二

黄山话的 ʧ、ʧ‘、ɬ 是汉语语音里少见的语音成分。罗常培、王均两位先生曾在他们的《普通语音学纲要》一书中说过,"这一类的复辅音"(其中包括 ʧ、ʧ‘),"现在汉语方言里我们还没有发现过"。罗、王两位先生根据他们当时占有的材料,做出这样的结论是可信的。今天,在全面地深入调查徽州方言的时候,却在黄山话里发现了这种罕见的辅音。我们在兴奋之余不禁又提出这样的问题:黄山话里为什么会有这种辅音呢?它们是汉语固有的语音成分呢,还是汉语同其他民族语言融合的痕迹呢?对这些问题,我们试做以下的探讨。

首先,我们认为,黄山话的 ʧ、ʧ‘、ɬ 不是古代汉语语音特点的残留现象。理由是,第一,"精"组、"庄"组、"知"组和"章"组等声母,在上古音、中古音里没有这种舌尖边塞擦音和舌尖边擦音的音值。对于"精""庄""知""章"等组声母在上古、中古时期的音值,经过中外音韵学家们的长期研究,今天已经取得了比较一致的意见。按照专家们构拟的音值来看,都与黄山话 ʧ、ʧ‘、ɬ 的音值距离较远。

第二,我们从现代汉语各主要方言所反映出来的音值看,也得不到可以说明上古音或中古音中有舌尖边塞擦音和擦音的旁证。大量的事实却证明了专家们对上古、中古这四组声母的拟音是正确的。例如:北京话把这四组声母分别读成 ts、ts‘、s、ʈʂ、ʈʂ‘、ʂ、tɕ、tɕ‘、ɕ。上海话把这些声母的字基本上读成 ts、ts'、s、z。福州话除"知"组声母有 t、t' 的读音外，其他声母基本上读 ts、ts'、s。长沙话把这几组声母的字分别读成 ts、ts'、s（"精"组、"庄"组的一部分），tʂ、tʂ'、ʂ、tɕ、tɕ'、ɕ（"庄"组、"知"组和"章"组合口呼的一部分字）。南昌话把这些声母的字基本上读成 ts、ts'、s，只有一部分"精"组细音和"知""章"两组声母的遇摄三等鱼虞韵母的字读 tɕ、tɕ'、ɕ。广州话把这几组声母的字基本上读成 tʃ、tʃ'、ʃ。这些事实都说明，在现代汉语一些主要方言里，还没有发现像黄山话的这种舌尖边塞擦音和舌尖边擦音。

鉴于既无历史语音的根据，又缺少现代汉语方言作为旁证，因此我们认为，黄山话的 tɬ、tɬ'、ɬ 是汉语同其他民族语言融合的产物。理由如下：

第一，在同汉语有亲属关系的我国的少数民族语言里，有舌尖边塞擦音和边擦音。

壮语里有边清擦音 ɬ。例如，龙州壮语[ɬa]（右）[1]，[ɬaːi₂]（土地），[ɬaːi₂]。[2]

藏语里有边清擦音 ɬ。例如，[ɬasa]（拉萨），[ɬo]（南）。[3]

彝语里有边清擦音 ɬ 和边塞擦音 tɬ。例如，圣乍彝语[ɬa]（裤子）；撒尼彝语还有舌边清塞擦音 tɬ。例如，[tɬa]（鹰）。[4]

黎语有舌边清塞擦音 tɬ 和舌边浊塞擦音 tɮ。例如，通什黎语[tɬai]（耳朵），[tɮa]（红）。[5]

苗语不仅有 tɬ、tɬ'、ɬ，而且还有舌面边清擦音和很多其他的舌边辅音。例如，"绳"贵州台拱苗语说[ɬhe⁵]，贵州排庭苗语说[ɬa⁵]，贵州太雍苗语说[ɬe⁵]。[6]贵州威宁苗语里还有 tl、tlh、dl、dlɦ、ntl、ntlh、ndlɦ 等形式的舌边辅音。[7]

---

①罗常培、王均：《普通语音学纲要》，科学出版社1957年版，第91页。
②喻世长：《布衣语几个声母的方音对应研究》，载《语言研究》1956年第1期。
③罗常培、王均：《普通语音学纲要》，科学出版社1957年版，第91页。
④罗常培、王均：《普通语音学纲要》，科学出版社1957年版，第91页。
⑤罗常培、王均：《普通语音学纲要》，科学出版社1957年版，第91页。
⑥马学良、邰昌厚：《贵州省东南部苗语语音的初步比较》，载《语言研究》1956年第1期。
⑦罗常培、王均：《普通语音学纲要》，科学出版社1957年版，第115页。

布衣语镇宁方言里也有边擦音ɬ。[①]

第二，说汉语的少数民族，在他们说的汉语里也有舌尖边塞擦音和边擦音。例如广西龙胜苗族说的伶话就有 tɬ、tɬh、dɬ、ɬ、l 等五个舌边辅音。从这五个舌尖边音声母的字来看，也是来源于中古音的"精"组、"庄"组和一部分"章"组字。这种情况与黄山话 tɬ、tɬʻ、ɬ 声母很相似。

关于广西龙胜苗族的语言情况，王辅世先生在他的论文《广西龙胜伶话记略》里写道："龙胜东区有苗族一万余人，他们所讲的话和伶话基本相同，在语音和词汇方面稍有差别。在成立自治县时，太平塘的伶族经识别定为苗族。""他们的语言是汉语的一种方言。"王先生的这一段话，向我们清楚地介绍了伶话就是苗族人所说的一种汉语方言。

第三，历史上曾是汉族与少数民族杂居的地方，这些汉语方言里也不同程度地存在着舌尖边塞擦音或边擦音声母。

今天说闽、粤方言的地方，据史书记载，古代是"百越之地"。[②]"越"也作"粤"，百越又写作百粤。《汉书·地理志》注说："自交趾至会稽七八千里，百粤杂处，各有种姓。"《通考·舆地考》"古南越"："自岭而南，为蛮夷之地，是百越之地。"可见百粤除包括汉族之外，还包括很多少数民族在内。加上自周秦以来北方汉人逐渐南下，终于出现汉族与当地民族混杂居住、各民族语言互相影响的现象。随着汉族人口的逐渐增加，后来完全形成了以汉语为主的闽语方言、粤语方言。正因为闽、粤之地曾经有过这种汉族和少数民族融合的历史，所以至今还保留着汉语同少数民族语言融合的痕迹。例如：闽语的莆仙方言就有舌边清擦音ɬ。"四"念[ɬiˀ]，"诗"念[iɬ]，"先"念[ɬɤŋ]。粤语的四邑方言（台山、新会、恩平、开平）和高州、濂州等地的方音中也有边擦音ɬ。台山方言"心"念[ɬim]，"三"念[ɬam]，"萧"念[ɬiau]。另外，在粤语的台山端芬地区还有舌尖边塞擦音 tɬ、tɬʻ 两个声母。"字自"端芬念[tɬˀ]，"辞词"

① 喻世长：《布衣语几个声母的方音对应研究》，载《语言研究》1956年第1期。
② "百越之地"在史书里又分别称为"南越、闽越、瓯越、吴越"。

端芬念[₂tɬ'ꞁ]。①

第四，徽州山区在历史上曾是"山越"人居住的地方，关于山越最早的记载，是《后汉书·灵帝纪》："建宁二年（169）九月，丹阳山越围太守陈夤"。由此可知，丹阳是有山越的。丹阳是汉代天郡，治今安徽宣城，辖有宛陵（安徽宣城）、丹阳（安徽当涂）、泾县、歙县、黟县、陵阳（安徽石埭）、芜湖、春谷（安徽繁昌）、石城（安徽贵池）等县，地跨安徽、江苏、浙江三省，而主要是在皖南。皖南山越是些什么人呢？胡三省说："山越本亦越人，依阻山险，不纳王租，故曰山越。"（《通鉴》卷五十六注）王鸣盛说："自周秦以来，南蛮总称百越，伏处深山，故名山越。"（《十七史商榷》卷四十二）

皖南的山越是哪里来的呢？皖南，为禹贡扬州之地。春秋时，吴越争霸于此，这里应当会有越人留居。汉武帝建元三年（前138）东瓯越人内附，迁徙其众于江淮之间；元封元年（前110），又征服闽越，亦迁徙其民于江淮之间。因此，迁来皖南的越人是很多的。（《史记·东越传》）同时，北方汉人迁居此地的也很多。汉武帝曾诏："江南火耕水耨，令饥民得流就食江淮间，欲留，留处。"（《史记·平准书》）汉于元封二年（前109），置丹阳郡，对皖南的控制加强了。从此，在统一的汉帝国内，皖南汉人、越人在长期共同生产和斗争中，逐渐融合。②

自周至汉代，皖南山越人和汉人同居一地，在长期共同生产劳动中，逐渐融合在一起。越人和汉人的融合也必然导致语言的融合。我们认为，歙县南乡方言里的tɬ、tɬ'ꞁ、ɬꞁ音节，以及黄山话里大量的tɬ-、tɬ'-、ɬ-字音，正是汉越语言融合的历史痕迹。这些来自越人的语音成分，今天作为黄山话的底层被保留下来了。

[原载《中国语文》1981年第1期]

---

①袁家骅等：《汉语方言概要》，文字改革出版社1960年版，第203页。端芬方言的tɬ、tɬ' 只限于拼合ꞁ韵母。对于粤方言中的这些与僮语相同的特点，这本书的著者认为，"是早期僮桐语在粤方言里留下的痕迹"（见该书第181页）。

②这段内容摘自杨国宜《东吴平定山越战争的性质及其历史作用》一文中"汉代山越与汉族人民的融合"一节。载《安徽史学》1960年第2期。

歙县方音中的历时特征

我们从歙县各个地点方言的语音差异中发现，在共时的发展演变中，它们具有明显的历时特征。这些历时特征为我们正确地认识徽州方言中典型而又复杂的语音现象，指出了历史发展的规律。

一

歙县方言在共时演变中在语音上所表现出的历时特征是很丰富的。这里仅就五个比较典型的语音现象进行分析。

（一）关于见组开口一二等的部分字，今音读t、t'、n声母的问题

这种语音现象出现在歙县的黄村话（包括附近的杨村话）里。常用字如：该改盖溉、开慨概（蟹开一咍、泰），耕更打~羹、坑（梗开二庚、耕），格革隔、客、额扼（梗开二陌、麦），干豆腐~（山开一寒），坎（咸开咸）。这些古为牙音声母的字，在黄村话里为什么会读舌尖中音t、t'、n声母呢？将以下事实进行共时比较，可以帮助我们看清这一特点的形成过程：

（1）   该   改   溉盖 开   慨   爱

徽城 kɛ ˇkɛ kɛˀ ˏk'ɛ k'ɛˀ ŋɛˀ

黄山 kiɐ ˇkiɐ kiɐˀ ˏk'iɐ k'iɐˀ ŋiɐˀ

黄村 ˏtiɛ ˇt'iɛ tiɛˀ ˏt'iɛ t'iɛˀ niɛˀ

（2）　　更耕羹　坑　格革隔　客　额扼

	更耕羹	坑	格革隔	客	额扼
徽城	₌kɛ	₌k'ɛ	kɛʔ₋	k'ɛʔ₋	ŋɛʔ₋
黄山	₌kiɐ	₌k'iɐ	kiɐ₋	k'iɐ₋	ŋiɐ₋
黄村	₌tiɛ	₌t'iɛ	tiɛ₋	t'iɛ₋	niɛ₋

（3）"干_豆腐~_、坎"徽城话读₌kɛ、₌k'ɛ，街口话读₌kiɐ、₌k'iɐ，黄村话读₌t'iɛ。

由此我们可以得出这样的演变轨迹：k、k'、ŋ→ki、k'i、ŋi（ci、c'i、ɲi）→ti、t'i、ni。其中 i 介音的出现是构成这一变化的关健。从 k、k'、ŋ 到 t、t'、n 无疑要经历很长的历史时期。就这一现象来说，徽城话代表的是较早的历史阶段，黄山话代表了较晚的历史阶段，黄村话则代表了最新的历史阶段。

(二)关于见系开口三四等字和二等的一部分字，今音读 ts、ts'、s 声母的问题

这种语音现象出现在深渡话和岔口话里。关于它的形成过程，我们从下面的对比表中即可看出：

（1）　　加　　教　　今　　轻　　桥　　求　　霞　　香

	加	教	今	轻	桥	求	霞	香
徽城	₌ka	kɔ⁼	₌kã	₌tɕ'iã	₌c'i	₌tɕ'iʊ	₌ɕia	ɕia
	tɕia	cɔ⁼	tɕiã					
			₌tɕiã					
溪头	₌ʧiɒ	kɤ⁼	₌ʧiɤ	₌ʧ'iɤ	₌ʧ'i	₌ʧ'iʊ	₌ʃiɒ	ʃiɒ
				₌ʧiɤ⁼				
深渡	₌tsa	tsɔ⁼	₌tsẽĩ	₌ts'ẽĩ	₌tsɔ	₌tsøy	₌sa	sõũ
岔口	₌tsa	tsɔ⁼	₌tsẽĩ	₌ts'ẽĩ	₌tsɔ	₌mɐɯ	₌sa	sõũ

（2）"教、酵、敲"杞梓里话读 kiɛ⁼、k'iɛ，"今"街口话读 ₌kiɛn。

由此我们可以推断出这样的演变轨迹：k、k'、x→ki、k'i、xi（ci、c'i、ɕi）→tɕi、tɕ'i、ci→ʧi、ʧ'i、ʃi→ts、ts'、s。ki、k'i、xi 以前的读音在歙县方言里表现得不够明显，但是由 tɕ 组至 ts 组的历变进程还是很清楚的。在这一演变的过程中，徽城话的 k~tɕ、k'~tɕ'、ɕ 代表了现阶段歙县方

言的多数情况，而深渡话、岔口话的ts、ts‘、s却代表了最新阶段中的一种趋势。

（三）关于前响、中响复元音韵母，脱落-i、-u韵尾，转化为单韵母和后响复韵母的问题

在歙县各个地点方言里，效摄字、蟹摄一二等字都演变成单韵母或后响复韵母。已看不出它们之间的层次关系。但是，止摄合口字、流摄字以及蟹摄合口三四等字，在歙县各地点方言的读音，仍能看出它们变为单元音韵母和后响复元音韵母的演化过程。例如：

（1）	肥	肺	罪	翠	追	税	龟	桂
杞梓里	₌fɐi	fɐiˀ	tsʻɐi	tsʻɐiˀ	tsɐu	sɐuˀ	kɐuɐi	kɐuɐiˀ
许村	₌fi	fiˀ	tsʻuai	tsʻuaiˀ	tsuai	suaiˀ	kuai	kuaiˀ
黄山	₌fe	feˀ	tɬʻəɻ	tɬʻəɻˀ	əɻɬ	ɬyˀ	kuɐɻ	kuɐɻˀ
徽城	₌fe	feˀ	tɕʻye	tɕʻyeˀ	tɕye	ɕyˀ	kue	kueˀ

（2）	豆	漏	馊	绸	钩	寇	欧
许村	tiauˀ	liauˀ	₌ɕiau	₌tɕʻiau	₌kau	kʻauˀ	₌ŋau
岔口	təɯˀ	ləɯˀ	₌səɯ	₌tsəɯ	₌kəɯ	kʻəɯˀ	₌ŋəɯ
杞梓里	tiɯˀ	niɯˀ	₌ɕiɯ	₌tɕʻiɯ	₌kɯ	kʻɯˀ	₌ŋɯ
黄村	tuˀ	luˀ	₌sɯ	₌tɕʻiɯ	₌kɯ	kʻɯˀ	₌ŋɯ

综合上表可以看出这种现象的历变特征是：ɐi→i~e，iɐu~uai→əɻ→ue~ye~y；ɑu→əɯ→ɯ，iau→mi→ɯ。在这一历史演变中，杞梓里话和许村话代表了较早的历史阶段，黄山话、徽城话、黄村话，以及杞梓里话的流摄字的读音，都代表了较晚的历史阶段。

（四）关于咸、山、宕、江，以及深、臻、曾、梗等摄阳声韵，今失落鼻音尾的问题

咸、山摄阳声韵母，古音分别是收-m、-n韵尾的。这两摄的阳声韵字在歙县（王村、深渡、岔口、杞梓里）南区方言里，虽然鼻音尾大都脱

落，但是仍保存着阳声韵的鼻音特征。而在歙县（徽城、岩寺、溪头、黄村、许村、黄山）北区方言里，已完全转化为开尾韵了。例如：

（1）	班	饭	蛋	餐	肝	安	官	眷
王村	₋pã	fã²	tã²	₋tsʻã	₋kã	₋ŋã	₋kũ:ã	tɕʏ:ʒ³
杞梓里	₋pɔ̃	fɔ̃²	tɔ̃²	₋tsɔ̃	₋kɔ̃	₋ŋɔ̃	₋kuɔ̃	tɕʏĩ³
黄山	₋pɑ	fɑ²	tɑ²	₋tɬʻɑ	₋kɑ	₋ŋɑ	₋kuɑ	tɕy:ɛ³
许村	₋pɔ	fɔ²	tɔ²	₋tsʻɔ	₋kɔ	₋ŋɔ	₋kuɔ	tɕʏɪ³

（2）	犯	胆	蓝	三	甘	庵	扁	点
王村	fã²	ᶜtã	₌nã	₋sã	₋kã	₋ŋã	ᶜpĩ:ʒ	ᶜtĩ:ʒ
杞梓里	fɔ̃²	ᶜtɔ̃	₌nɔ̃	₋sɔ̃	₋kɔ̃	₋ŋɔ̃	ᶜpĩ	ᶜtĩ
黄山	fɑ²	ᶜtɑ	₌lɑ	₋ɬɑ	₋kɑ	₋ŋɑ	ᶜpi:ɛ	ᶜti:ɛ
许村	fɔ²	ᶜtɔ	₌lɔ	₋sɔ	₋kɔ	₋ŋɔ	ᶜpɪ	ᶜtɪ

事实说明，弱化使这些地点方言中咸、山两摄阳声韵尾脱落之后，很明显，黄山话（ɑ、uɑ、i:ɛ、y:ɛ）与王村话（ã、ũ:ã、ĩ:ʒ、ỹ:ʒ）的关系比较密切，许村话（ɔ、uɔ、iɪ、yɪ）与梓杞里话（ɔ̃、uɔ̃、ĩ、ỹ）的关系比较密切，不难看出它们之间有着一脉相承的关系。王村话、杞梓里话代表了这一历史发展中的较早阶段，黄山话、许村话则代表了这一历史发展中的最新阶段。

宕、江两摄的阳声韵，古音都是收-ŋ韵尾的。它们在歙县方言里演化的情况，也可以分为两大系，一是南区各点方言把它们读成-ŋ尾韵或鼻化韵，一是北区各点方言把它们读成开尾韵。比较两大系中这些字的读音情况，就会发现它们之间的历史演变的层次性。例如：

	帮邦	望	仓疮窗	汤	钢江光	张章姜	秧
杞梓里	₋pɔ̃ŋ	mɔ̃ŋ²	₋tsʻɔ̃ŋ	₋tʻɔ̃ŋ	₋kɔ̃ŋ	₋tɕiɔ̃ŋ	₋iɔ̃ŋ
岔口	₋puũ	muũ²	₋tsʻɔ̃ũ	₋tʻɔ̃ũ	₋kɔ̃ũ	₋tsɔ̃ũ	₋iɔ̃ũ
深渡	₋põũ	mõũ²	₋tsʻõũ	₋tʻõũ	₋kõũ	₋tsõũ	₋iõũ
王村	₋pɔ̃	mɔ̃²	₋tsʻɔ̃	₋tʻɔ̃	₋kɔ̃	₋tɕiɔ̃	₋ỹ
街口	₋pũ	mũ²	₋tsʻũ	₋tʻũ	₋kũ	₋tɕiɐ	₋aɪ

黄山	₌pɔ	mɔ²	₌tsʻɔ	₌tʻɔ	₌kɔ	₌tɕiɔ	₌iɔ
岩寺	₌po	moˀ²	₌tsɔ	₌tʻɔ	₌ko	₌tɕio	₌io
溪头	₌pʊ	mũˀ²	₌tsʻʊ	₌tʻɒ	₌kɒ	₌tʃiɒ	₌iɒ

宕、江两摄阳声韵在歙县方言中转变为开尾韵的轨迹是很清晰的。我们可以将它们简化为：ɔũŋ→ɔũ→õũ→ɔ̃→ṹ→ʊ，ᵕ ₒ→o。尽管北区的黄山话、岩寺话、溪头话与南区的杞梓里话、岔口话、深渡话、王村话、街口话之间的差异很大，但是它们之间一脉相承的亲缘关系还是很容易看出来的。毫无疑问，南区话代表了这一历史发展中的较早阶段，北区话代表了这一历史发展中的晚期阶段。

关于黄山话中深、臻、曾、梗四摄的阳声韵字脱落鼻音尾的问题。

古音深摄阳声韵是收-m韵尾的，臻摄阳声韵是收-n韵尾的，曾、梗摄阳声韵都是收-ŋ韵尾的。那么在黄山话里，这些鼻音韵尾是怎样脱落的呢？以下事实有助于我们看清这一现象的演变过程：

（1）

	贫平	林邻	真针	金斤	敦灯	根更	军肫	顷蠢
		陵灵	蒸正	京经				
岩寺	₌pin	₌lin	₌tɕin	₌tɕin	₌tan	₌kan	₌tɕyn	˚tɕʻyn
许村	₌piẽn	₌liẽn	₌tɕiẽn	₌tɕiẽn	₌tãn	₌kãn	₌tɕyẽn	˚tɕʻyẽn
王村	₌pʻɛ̃i	₌nɛ̃i	₌tɕiɛ̃i	₌tɕiɛ̃i	₌tɛ̃i	₌kɛ̃i	₌tɕyɛ̃i	˚tɕʻyɛ̃i
黄山	₌pʻe	₌le	₌tɕie	₌tɕie	₌ɐ	₌kɐ	₌tɕye	˚tɕʻye

（2）"滚、困"岩寺话读˚kuan、kʻuan²，许村话读˚kuãn、kʻuãn²，王村话˚kũɛ̃i、kʻũɛ̃i²，黄山话读˚kuɐ、kʻuɐ²。

这些方言首先混同了深、臻、曾、梗四摄阳声韵的韵尾，并在-n韵尾的基础上继续演化。其演变的过程可以简化为：an→ãn→iɛ̃i→ɐ，in→iẽn→iɛ̃i→ie，uan→uãn→ũɛ̃i→uɐ，yn→yẽn→yɛ̃i→ye。在这一历史演变过程中，岩寺话代表了较早的历史阶段，许村话和王村话代表了两个较晚的时期，黄山话代表的则是最新时期。

（五）关于阴平与阴入调值重合的问题

古四声在歙县方言里大多分化为阴平、阳平、上声、阴去、阳去、阴入六个调。但是在深渡、岔口、杞梓里话里，阴平字与阴入字的音高值已重合为一。关于这种现象的产生过程，请看下面的声调对照表：

调类	阴平	阳平	上声	阴去	阳去	阴入
例字	天山	唐龙	古坐老柱	菜店	大路父道白麦	百竹
岩寺	53	44	435	323	22	<u>21ʔ</u>
徽城	32	44	45	324	33	<u>21ʔ</u>
深渡	21	54	45	213	33	<u>21ʔ</u>
岔口	31	53	55	213	22	<u>31</u>
杞梓里	<u>21</u>	31	<u>55</u>	213	22	<u>21</u>

歙县方言阴入的调值大多是短促的低降调，阴平的调值也多是降调。阴平的调值由岩寺话的53高降调到深渡话的21低降调，中间经过了32（徽城话）、31（岔口话）等过渡阶段，最后才出现了深渡话的阴平21与阴入21重合，岔口话的阴平31与阴入31重合，以及杞梓里话的阴平21与阴入21重合的情况。这些方言阴平与阴入的单字调，在音高上虽然重合，但是由于它们在音长和连读变调的规律上还存在差别，所以我们仍将它们分列，不与阴平合类。

在这种调值趋于合一的历史变化过程中，岩寺话的53调反映了较早时期的调值，徽城话的32调，反映了过渡阶段的调值，而深渡话、岔口话和杞梓里话的21、31、<u>21</u>调，反映的却是新近时期的值调。

二

从歙县方音的历时特征中，我们可以看出歙县方音的发展变化具有以下特点：

（一）发音部位趋于前化

发声母时，节制器官构成阻碍的部位，由原来较后的成阻位置变成较前的成阻位置，这就是声母发音部位的前化。见、晓组字古为牙音和喉音声母，现代音韵学家把它们分别构拟成 k（见）、k'（溪）、g（群）、ŋ（疑）、x（晓）、ɣ（匣）。这些舌根音声母的字，在歙县方言里有的将其中一部分读为舌尖中音 t、t'、n 声母，有的将其中一部分读为舌尖前音 ts、ts'、s 声母，这些都是声母发音部位前化的典型现象。

这两种前化现象的特点是：将 k、k'、ŋ 前化为 t、t'、n，只改变发音部位，仍保留原来塞音、鼻音的音值。造成这种部位前化的关键条件，是 i 介音的出现及其所起的制约作用。将 k、k'、x 前化为 ts、ts'、s，不仅改变了发音部位，而且变塞音为塞擦音，变细音韵为洪音韵。构成这种前化的首要条件是，在 i 介音的制约下，产生了 tɕ、tɕ'、ɕ 和 tʃ、tʃ'、ʃ，再由于 i 介音的消失，就产生了拼洪音韵的 ts、ts'、s 的必要条件。

（二）韵母趋于单元音化和高元音化

将本为带 -i、-u 元音尾韵母的字，读成开尾（无尾）的韵母，我们把它叫做韵母的单元音化。将本为开口度较大、舌位偏低的韵腹元音，读成开口度较小、舌位较高的元音，这叫做韵母的高元音化。歙县方言将止摄合口字、流摄字、蟹摄合口三四等字的韵母，由 ai~ɐi~au 读 i~e、ɯ，由 uai~uɐi、iau 读成 ue~ye~y、iɯ，很明显是朝着单元音化和高元音化方向演变的，并且单元音化和高元音化同步演进，同时完成。其中韵尾的脱落是单元音化的前提条件，而高元音化又是造成韵尾脱落的必然条件。

（三）阳声韵趋于纯元音化

本为收鼻辅音尾的韵母，韵尾弱化成鼻化音，最后读成纯元音韵母，包括单元音或前响复合元音韵母，这叫做阳声韵的纯元音化。具体说是：将本为收 -m、-n 尾的咸、山摄字，读成 ɑ~ɔ、uɑ~uɔ、iːẽ~iɪ、yːɛ~yɪ 韵母，将本为收-ŋ尾的宕、江摄字，读成ɔi~ɑi~ci〔ʊ~ɑ~o~ʊ、io~ɑi~io〕，将本为收-m、-n尾的深、臻摄的字和收-ŋ尾的曾、梗摄的字，读成ɐ、uɐ、ie、ye韵母。它们的演变特点是，纯元音化并非一步完成的。首先简化了阳声韵的结构成分，鼻辅音尾脱落，变成半鼻音，最终使韵母失去鼻音特征，变成纯元音韵母。

（四）入声韵趋于舒声化，调类趋于简化

所谓舒声化就是将本为收塞音尾的入声韵，读成了舒声韵。实现舒声化的关键是弱化入声韵的塞尾。就歙县方言入声韵弱化的过程来看，第一步减弱ʔ尾的节制强度，使其变成音长较短、动作较弱的紧喉作用，第二步仅保留音长较短的声音特征，第三步入声韵与舒声韵虽已相同，但连读变调时还保持着各自的变调规律。在第二步和第三步中就出现了入声韵与舒声韵混同的现象。例如"八"与"巴"，"滴"与"低"岔口读pɔ³¹，与ₑpɔ³¹，ti³¹与ₑti³¹，杞梓里读pɔ²¹，与ₑpɔ²¹，ti²¹与ₑti²¹，许村读po²¹²与ₑpɔ³¹，ti²¹²与ₑti³¹。

调类简化就是声调数趋于减少。古全浊声母在歙县方言里清化以后，各地点方言大多演变为六个调。随着阴平调值的低降化，以及入声韵逐步舒声化，在岔口话、杞梓里话里出现了阴平与阴入调值重合的情况，这些都是调类简化的先导。歙县方言去声分阴、阳的特点，在许村话已不存在，调类数已减少到五个。

从歙县方言调类简化的特点来看，调值趋于重合，入声韵趋于舒声化是实现简化的两个前提条件。

那么歙县方言为什么会出现这些具有倾向性的演变特征呢?构成这些现象的原因尽管是多方面的，但是我们认为"简便省力"应是构成这些特征的最重要的原因。事实告诉我们，前化的ti、tʻi、ni和ts、tsʻ、s要比ki、kʻi、ŋi、xi发音简便省力得多。单元音化和高元音化了的韵母，也比复合元音韵母简便省力。同样，单元音化了的阴声韵母，也比复合音构成的鼻韵母发音简便省力。至于发短促的收挤喉动作的入声韵母，自然要比单元音化的舒声韵母动作繁复、费力。可以说，"简便省力"是人们进行任何劳动时的自然要求。言语行为作为发声器官所进行的一种有规律的发声运动，人们也会采用最经济最省力的运动方式，去进行交际的。当然，任何简便省力的发声运动方式的形成，都必须在较长的历史时期中，以渐变的发展方式来实现的。

三

我们从歙县方言的这些历时特征中，可以得到很多的启示。

第一，各地点方言之间密切的亲属关系，是各种历时特征形成的基础。

歙县有些地点方言之间的语音差异是相当大的。人们各操方言很难相互交谈。认识这些语音差异很大的各地点方言之间的关系，的确不是一件容易的事情。一般说来应该从它们的社会历史、人文发展，以及共同特征等多方面进行分析之后，才能做出正确的结论。不过我们从歙县各地点方言所反映的这些历时特征中，也可以看出它们之间的确存在着密切的亲属关系。例如，"上班"王村话说 $_{\varsigma}$ciɔ̃ $_{\varsigma}$pã，黄山话说 $_{\varsigma}$ciɔ $_{\varsigma}$pɑ。在听感上差别这么大的两种声音，当然难以互相听懂。可是将它们进行比较之后，就看得出它们之间一脉相承的亲密关系。再如，"长江"杞梓里话说成 $_{\varsigma}$tɕʻiɔ̃ŋ $_{\varsigma}$kiɔ̃ŋ，徽城话说成 $_{\varsigma}$tɕʻia $_{\varsigma}$ka，两者无论是在听感上或音节成分上，差别都很大。的确很难看出它们之间的密切关系。不过只要将同类字在各地的读音进行平面的比较，就可以发现它是经过 $_{\varsigma}$tsʻɔ̃ $_{\varsigma}$kɔ̃（岔口话）、$_{\varsigma}$tsʻɔ̃ $_{\varsigma}$kɔ̃（深渡话）、$_{\varsigma}$tɕʻiɔ̃ $_{\varsigma}$kɔ̃（王村话）、$_{\varsigma}$tɕʻiɔ $_{\varsigma}$kɔ（黄山话）等历程，最后才会出现徽城话 $_{\varsigma}$tɕʻia $_{\varsigma}$ka 读音的。徽城话的 ia、a 韵母不正是在杞梓里话的 iɔ̃ŋ、ɔ̃ŋ 韵母的基础上发展演变来的吗？事实不是正好说明了徽城话与这些地点方言之间有着非常亲密的血缘关系吗？是的，正是因为歙县各地点方言之间存在着密切的亲属关系，它们在共时的发展中，在各自的语言环境中发展变化，所以才表现出了这么多的历时特征。

第二，各地点方言发展方向的一致性，以及演变速度的不平衡性，是形成历时特征的两个重要的前提条件。

从第二部分介绍的演变特点中，我们可以看出，每一种演变特点都是在共同的演变方向和不同的发展速度的条件下形成的。就宕、江两摄阳声韵转化为阴声韵的情况来看，它们的共同演变方向有二：一是阳声韵趋于阴声化，由鼻化复元音加鼻辅音尾的韵母，发展为纯元音韵母；二是韵母的构造成分趋于简化。由多音素构成的复合韵母，发展为单元音构成的单韵母。在演变进度上的差别是：杞梓里话ɔ̃uŋ、iɔ̃uŋ发展最慢，黄山话的ɔ、iɔ和徽城话a、ia发展变化最快，处于最快和最慢之间的ɔ̃u、õu、ɔ̃、õ，刚好为我们辨清它们的演变方向起到了很好的导航作用。正是由于各地点方言在发展方向基本一致的情况下，出现了各种演变进程快慢不同的现象，所以才反映出歙县方言演变中的这些历时特征。

第三，各个亲属关系非常密切的地点方言，即使它们有很多共同性，但是在共时的发展中各自都会表现出鲜明的个性。

就一个地点方言来看，相比之下许村话的语音发展是比较快的。它的语音系统已经很简单了：声母20个[p布步 p'怕拔 m门 f飞灰 v伟远 t到同 t'太达 n南严认 l路 ts祖精争 ts'粗钱虫 s苏小生 tɕ经桥招 tɕ'轻潮 ɕ香烧 k高共间 k'开葵确 ŋ安硬 x好学 ∅儿羊雨]，韵母27个[ɿ私师 i地知 u古 y雨书水 ɑ来推革 uɑ乖盔 e边元月 ie蛇件浙 ye卷船血 ə耳桃敲狗 ɔ牌解胆间欢辣夹 iɔ霞皆烧条 uɔ寡快官阔 o爬家党光落 io张良药 ai美惠北合出 uai桂追割骨国 ɑi破河多木 iɑu斗秋竹曲 ãn盘盆短屯灯 uãn滚 iɛn贫人兵成 yɛn军准 õŋ朋东翁 iõŋ绒用 m̩母 n̩你]，声调5个[阴平31 阳平55 上声35 去声33 入声212]。但是它在复韵母的单元音化上却发展缓慢，在阳声韵的阴声化上也比较保守。就保留韵尾的情况看，相邻的黄山话、黄村话和徽城话已没有-i、-u、-n尾韵母。就调类数来看，其他各地点方言都是六个调，唯有许村话是五个调。这些与相邻方言不同的特点，就构成了许村话的个性。

徽城城内话与城外渔梁话，虽然两地仅距二里多路，但是在各自的发展中也能表现出它们的个性。例如，渔梁话将精清从邪母开口细音韵的字，今音 t、t‘ 声母，而徽城城内话却读 tsi-、ts‘i-。再如深渡话与岔口话相似点虽然很多，但是把流摄字读成 -y 韵尾（øy、iøy）的现象，不仅与岔口话不同，即使在全县也是唯一的。

我们认为，共同特征是同一方言或同一个区域方言的标志，个性特点则是一个地点方言的标志。在一个行政辖区内，只是某些地点方言所具有的共同特征，这就是划分行政辖区内方言的标准。例如，就咸、山、宕、江四摄阳声韵字的读音来看，徽城、溪头、黄山、许村、岩寺等地的话已全部阴声化，而王村、深渡、岔口、街口、杞梓里等地话，仍保存着这些阳声韵的鼻音特征，据此我们可以将歙县方言划分为南北两个区。

第四，在语音的发展演变中，某些特征现象的出现，既有其必然性，又有很大的偶然性。比如，黄村话将"该开额"等字读成 t、t‘、n 声母，就有其必然性。由于发音上简便省力的需要，因此要将舌根成阻的 k、k‘、ŋ 部位前移，随之就会出现舌面中成阻的 ci、c‘i、ɲi。再由于受到 i 介音的牵制，既要求声母部位前移，又希望韵腹的开口度变小，这样才能做到既简便又省力。比较理想的部位只有两种：一是变成舌面前成阻的 tɕi-、tɕ‘i-、ȵi-，一是变成舌尖成阻的 ti-、t‘i-、ni-。然而黄村话却选择了后者。由 k、k‘、ŋ → ci-、c‘i-、ɲi- → ti-、t‘i-、ni- 的演变过程，完全是顺理成章的，是符合简便省力要求而出现的必然规律。那么黄村话为什么选择后者呢？对此我们只能用偶然性来回答了。

另外，再就前面已分析过的宕摄和江摄阳声韵字，黄山话读成 ɔ、iɔ 韵母的情况看，它也是由 ɔ̃uŋ 至 ɔ̃u、õu、ɔ̃ 简化发展的必然趋势。ɔ̃ 的声音既简单易发音型音色又与 ɔ̃uŋ 相去不远，那么为什么还会出现黄山话的 ɔ、iɔ 韵母呢？对于这个问题也只能用偶然性来回答。这一步极其偶然的变化，使宕、江摄阳声韵发生了质变。从此它将在阴声韵的道路上发展变化。

从歙县方言的历时特征中可以看出，必然性表现在语音发展规律之中，偶然性是使规律继续发展的前提条件。

第五，从歙县方言语音发展的特点来看，它既有保守性又有激进性。

其保守的方面，有利于我们窥视古汉语音韵的历史原貌。其激进的方面，又有助于我们预测现代汉语方言语音未来演变的方向和途径。比如，歙县方言中的以下情况，就属于保守的：1.有些非组声母字，今白读仍保留重唇特点，读 p、p'、m 声母；2.有一些知组声母字，今白读音仍为 t、t' 声母；3.章组声母字，除通摄之外，一般读成 tɕ、tɕ'、ɕ 声母；4.日母字今音大多读 n 声母；5.见晓组声母二等字，今白读仍为牙音和喉音；6.疑母字今洪音韵前读 ŋ 声母，细音韵前读 n 声母；7.照二（庄组）声母的字，今读 ts、ts'、s 声母；照三（章组）声母字，除通摄之外，今音大多读 tɕ、tɕ'、ɕ 声母；8.三等知章组字，除通摄外，今音仍读细音韵母；9.假摄开口三等字，今白读音大多仍为 ia（麻）韵母，与二等麻韵相谐；10.还保存着带喉塞尾的入声调。有的地方上声字还读成带有紧喉作用的促调，等等。这些现象或多或少的还反映着中古音或上古音的影子。它们对于研究古汉语的音韵，都是很宝贵的材料。

另外，我们在第二部分已经分析过的"前化""纯元音化""高元音化"和"舒声化"等语音演变特点，其中有些情况在现代汉语方言中，也算得上是不多见的激进现象。这些在超常态发展速度下出现的演变规律，对于研究汉语语音未来的发展趋向当然是有意义的。

[原载《语言研究》1988年第1期]

徽州民间歌谣的押韵特征

从上世纪50年代末开始，我多次到安徽徽州地区（包括歙县、黟县、祁门、绩溪、休宁等）作方言调查，收集了数百首民间歌谣。这些歌谣生动地反映了徽州地区的民情风俗，也是徽州文化的重要组成部分，很值得深入研究。本文从语言学角度对徽州民间歌谣的押韵特征做一番描述，以期引起学界的重视。

一、徽州民间歌谣的押韵情况

徽州民间歌谣大都是按照徽州方言语音押韵的，从我们收集到的歌谣材料看，押韵的情况主要有以下三种：

第一，很多歌谣是按方言韵音相同的条件押韵的。例如：

（1）黟县民歌《黟县十二都小唱》

一都城内冷清清[ʧʻɛ̃]，二都田多少人犁[lɛi]；

三都萝卜似雪梨[iɛi]，四都白菜似粉皮[pʻɛi]；

五都农家扁担勤[ʧʻɛi]，六都西递水如金[ʧɛi]；

七都来往最便利[lɛi]，八都讲话又一类[luɛi]；

九都出柿还有栗[iɛi]，十都剿匪把民欺[ʧʻɛi]；

十一、十二山边临[lɛi]，田薄坦瘦难旺兴[sɛi]。

6个韵脚字普通话分别读 i 韵母（梨皮欺）、ei 韵母（类）、in 韵母（金）、

iŋ 韵母（兴）。分属于十三辙中的"一七"辙、"灰堆"辙、"人辰"辙和"中东"辙的韵字，很明显，黟县话却归为一个[εi]韵类。

（2）歙县民歌《十二月花名》中的一节

九月里菊花家家有哟，十月的芙蓉赛牡丹[tε]，

十冬腊月无花采哟，要想采花等春来[lε]。

韵脚字"丹""来"普通话分别读an、ai，分别属于"言前"辙和"怀来"辙。歙县话却将它们读成一个[ε]韵类。

（3）绩溪民歌《算命》

嫂在房中绣花巾[tɕiã]，耳听门外叮当声[ɕiã]。

开开门来请先生，报个八字给你听[t'iã]。

先生掐指算一算，还有三年再动婚[fã]。

嫂嫂一听抿嘴笑，骂声瞎子滚出门[mã]。

头胎生过了，二胎要临盆[p'ã]。

韵脚字普通话分别读 ən（门、喷）、uən（婚）、əŋ（声）、iŋ（听）韵母，分属于"人辰"辙和"中东"辙。绩溪话却将它们都读成一个[ã]韵类。

普通话读不同的韵母，又分属于不同韵辙的韵字，徽州方言却将它们归为同一个韵类，这正是方音真实面貌的体现。

第二，歌谣中有一些是按照韵音相近的条件进行通押的。例如：

（1）祁门民歌《姐妹看灯》

姐妹们打扮去看灯[tæ̃]，

（白）姐姐嗳，妹妹呀，大家快梳妆。

金钗头上戴，乌云两边分[fæ̃]；

大红裤，绣花裙[tɕ'yæn]，

小金莲不过两三寸[tsʻỹ̆]。

韵脚字是"灯、分、裙、寸",普通话分属于"中东"辙(灯)和"人辰"(分裙寸)辙。祁门话中这些韵脚字的韵母虽有不同,但因声音相近所以可以通押。

(2)祁门民歌《四季调》第二节

夏季里来热难当[tɔ̃],
日夜(那个)辛苦为谁忙[mũ̆]。
流尽血汗呀浇田地,
指望(那个)今年有余粮[liɔ̃]。

韵脚字"当、忙"普通话读 aŋ 韵母,"粮"普通话读 iaŋ 韵母,同属于"江阳"辙。然而祁门话读音只相近、不相同,也属于韵母相近通押。

(3)歙县童谣《我搭尔两个人好》

我搭(和、同)尔两个人好[xɔ],
买斤肉搭尔炒[tsʻɔ]。
尔吃精,我吃肥[fe],
留点嘿(给)尔家姨[i]。

童谣前两句的韵脚字"好"[xɔ]与"炒"[tsɔ]是"遥条"辙,属韵音相同相押;后两个韵脚字"肥"[fe]"灰堆"辙与"姨"[i]"一七"辙,韵音相近通押。

第三,少数歌谣在个别段落中虽然也有不押韵的现象,但大都是为了内容表达的需要,才不硬性追求押韵的。例如:

歙县民歌《十送郎》(汪继长记)

一送郎,送到枕头边。拍拍枕头睡睡添(增加)。(押"言前"辙)

二送郎，送到床面前。拍拍床梃坐坐添。（押"言前"辙）

三送郎，送到槛阀（窗户）边。开开槛阀看青天；有风有雨快快落，留我郎哥歇夜添。（押"言前"辙）

四送郎，送到房门边。反手摸门闩，顺手摸门闩，摸不着门闩哪一边。（押"言前"辙）

五送郎，送到阁桥头。双手搭栏干，眼泪在那流；撩起罗裙擦眼泪，放下罗裙凑地拖。（押"油求"辙和"梭坡"辙）

六送郎，送到厅堂上。先帮哥哥撑雨伞，再帮哥哥拨门闩。（押"言前"辙）

七送郎，送到后门头。开开后门一棵好石榴。摘个石榴郎哥吃，吃着味道好回头。（押"油求"辙）

八送郎，送到荷花塘[t'a]，摘些荷叶拼张床[so]；生男叫个荷花宝[pɔ]，生女就叫宝荷花[xua]。

九送郎，送到灯笼店[te]。哥哥尔不要学灯笼千个眼[ŋɛ]，要学蜡烛一条心[siã]。

十送郎，送到渡船头。叫一声：撑船哥，摇橹哥，帮我家哥哥撑得稳掇掇。

船工唱：我撑船撑得多，不曾看着尔（你）嗯（这）个嫂娘屁哩屁罗嗦！

这首民歌中"九送郎"这一段，处于韵脚的"心"[siã]与"店"[te]、"眼"[ŋɛ]的韵音相差很大，不能通押。这种情况很可能是作者不得已而为之。作者在这里触景生情引用了"不要学灯笼千个眼，要学蜡烛一条心"这条含义深长的谚语。为了准确地表达妻子的心声，更换成任何一个押韵字都是很难符合要求的。那么，这首民歌的第八节为什么也不押韵呢？唱词前两句韵脚字"塘"[t'a]、"床"[so]如果说可以通押，那么后两句韵脚字"宝"[pɔ]、"花"[xua]显然是不押韵的。这样做实在是为了适合诗情画意的需要。试想，在这么美好的境地里结出爱情的果实，还有什么词语能够比用纯洁美丽的荷花来表达更为真切合理呢?

二、徽州民间歌谣的押韵形式

徽州民间歌谣的押韵形式多样,韵字可以重复,句子用字多少不限。大致有以下五种押韵形式:

第一,一个韵押到底。一首歌谣不论长短,自始至终只用一条韵音,叫做一个韵押到底。例如:

(1)歙县民歌《十别》(汪继长记)

少年夫君起黑心[siã],踢打妻子想别人[iã]。

别人妻子不长久,石板栽花不生根[kã]。

二别别到我家公,我家公公听分明[miã]:

尔家孩儿要卖我,一碗热茶靠何人[iã]。

三别别到我家婆,我家婆婆听分明[miã]:

尔家孩儿要卖我,锅头淘米靠何人[iã]。

四别别到我家儿,我家小儿听分明[miã]:

尔家箸箸要卖我,供书上学靠何人[iã]?

五别别到我家女,我家小女听分明[miã]:

尔家箸箸要卖我,梳头包脚靠何人[iã]?

六别别到我家伯,我家伯伯听分明[miã]:

尔家弟弟要卖我,浆洗衣裳靠何人[iã]?

七别别到我家叔,我家叔叔听分明[miã]:

尔家哥哥要卖我,菜园地里靠何人[iã]?

八别别到我家姑,我家小姑听分明[miã]:

尔家哥哥要卖我,分(喂)猪端食靠何人[iã]?

九别别到灶下头,灶司菩萨听分明[miã]:

尔家相公要卖我,装香点灯靠何人[iã]?

十别别到厅堂前，太公老爷听分明[miã]：

尔家少爷要卖我，揩桌扫地靠何人[iã]？

整首民歌自始至终都是按照"中东＋人辰"辙的韵音押韵的。由于韵脚字"明""人"[iã]反复使用，不仅说明了徽州妇女是家庭中每个成员的忠实服务者，而且还流露出受压迫、受歧视妇女的愤怒和抗争精神。

（2）黟县民歌《茅花青青》

茅花青青呀，葛筋金黄黄[ɔŋ]；

打双新草鞋，雄哥快穿上[sɔŋ]。

箬皮青青呀，竹篾金黄黄[ɔŋ]；

打顶新箬笠，雄哥也戴上[sɔŋ]。

麦苗青青呀，油菜金黄黄[ɔŋ]；

出门雄哥哥，畀（把）妹记心上[sɔŋ]。

这首民歌自始至终都是按照"江阳"辙的韵音押韵的。以上两首民歌，韵字虽然反复出现，但却生动形象贴切，并使诗句具有回环反复之美。

（3）休宁儿歌《看娘亲》（摘自《休宁县志》）

栀子花，乒乒乒（捶鞋声）[pʻin]，

茉莉花，上刀心（切鞋底）[sin]，

做双花鞋看娘亲[tsʻin]。

娘亲怀我十个月，

月月辛苦到如今[tɕin]。

一只鸟，绿茵茵[in]，

买花线，穿花针[tɕiæn]，

做双花鞋看娘亲[tsʻin]。

娘亲怀我十个月，

日日月月都耽心[sin]。

　　这首民歌基本上是按"人辰"辙的韵音押韵的。真切地表达了女儿的孝心。

　　第二，分节换韵。整首歌谣是按一节换一条韵音进行押韵的。例如：

（1）祁门民歌《杉树林》（摘自《祁门县志》）

我家住在杉树林[næn]，

手把杉树望亲人[iæn]。

娘问女儿望什么，

数数杉树几多根[kæn]。

几多根，哪知我在望亲人[iæn]。

干妹住在竹子窠[k'ɔ]，

手把竹子望情哥[kɔ]。

娘问女儿望什么，

数数竹子几多棵[k'ɔ]。

几多棵，哪知我在望情哥[kɔ]。

　　这首民歌前一节是按照"人辰"辙押韵的，后一节是按照"梭坡"辙押韵的。

（2）黟县儿歌《扁荚藤》（叶荫藩供稿）

扁荚藤，随地生[sɑ]，外公外婆接外甥[sɑ]。

外公接得哈哈笑，外婆接得笑哈哈[xɑ]。

舅爷接得忙打转，舅姆接得苦巴巴[poɤ]。

实劝舅姆别叫苦，同是一树好桃花[xuɤ]。

外公畀（给）囝一包糕，外婆畀囝一包糖[tɔŋ]。

舅爷畀囝几本书，舅姆送囝进学堂[tɔŋ]，

读了三年书，中个状元郎[lɔŋ]。

前街竖旗杆，后街做祠堂[tɔŋ]。

这首儿歌的前8句是按"中东＋发花"辙押韵的，后8句是按"江阳"辙押韵的。

第三，两句相押，四句押两韵。例如：

(1) 绩溪童谣《蜻蜓》（摘自《绩溪县志》）

蜓蜓飞得低[tsiʔ]，下来搭姆做伙嬉（玩）[sʔ]；

蜓蜓飞得矮[ŋɔ]，下来搭姆做伙野[iɔ]。

前两句是按照"一七"辙押韵的，后两句是按照"怀来＋乜斜"辙押韵的。

(2) 绩溪童谣《马兰头》（摘自《绩溪县志》）

马兰头[t'ɿi]，

吃了会梳头[t'ɿi]，

喜喜菜[ts'æ]，

吃了会佗姆（小孩儿）[mæ]。

前两句按"油求"辙押韵，后两句按"怀来"辙押韵。

(3) 歙县民歌《一把花扇》（汪继长记）

一把花扇两面红[xuã]，

送给姐姐㩜（扑打）蚊虫[ts'ã]。

㩜的蚊虫嗡嗡叫[tɕiɔ]，

碰到虼蚤蹦蹦跳[t'iɔ]。

这首民歌前两句是按照"中东"辙押韵的,后两句又是按照"遥条"辙押韵的。

第四,自由间隔,自由换韵。整首歌谣既可以出现上下句相押,也可以自由更换韵音。例如:

(1)黟县民歌《过路哥哥莫多言》(叶荫藩供稿)

男：好塘清水好塘莲[liɐ̃],
　　好个女子坐塘舷[siɐ̃]。

女：过路哥哥莫多言[n.iɐ̃],
　　一心出门去赚钱[ts'iɐ̃]。

男：红花美女处处有[iɐu],
　　只怕银钱不凑手[uɐu]。

女：十指尖尖白笋芽[ŋɔ̃],
　　肩头担饭手拎茶[tʃɔ̃]。

男：当初叫尔嫁畀俺,
　　冬穿绫罗夏穿纱[sɔ̃]。

女：不嫁畀尔出门郎[lɔŋ],
　　三年两头守空房[fɔŋ]。
　　不嫁畀出门老鸦喳[tʃɔ̃],
　　三年两头不归家[kɔ̃]。
　　宁愿嫁畀种田郎[lɔŋ],
　　泥脚泥手爬上床[sɔŋ]。
　　日陪公婆堂前坐,
　　夜陪夫君在绣房[fɔŋ]。

前4句"莲、舷、言、钱"为"言前"辙相押,5、6句"有、手"为"油求"辙相押,7、8、9、10句"芽、茶、纱"为"发花"辙相押,11、12句"郎、房"为"江阳"辙相押,13、14句"喳、家"为"发花"辙相押，后4句"郎、床、房"为"江阳"辙相押。韵辙更换灵活自由。

（2）休宁童谣《山里囝，炒扁豆》（摘自《休宁县志》）

> 扁豆松[sɛn]，
> 嫁老公[kɛn]。
> 嫁到哪里？
> 嫁到杨冲（地名）[tsʻɛn]。
> 杨冲没人要[io]，
> 嫁到板桥（地名）[tɕʻio]。
> 板桥没人家[kɔ]，
> 嫁到祖源山[sɔ]。
> 祖源山没门没壁[pe]，
> 让老虎拖拖吃[tɕʻie]。

这首童谣共10句，其中1—2（松、公）、5—6（要、桥）、7—8（家、山）、9—10（壁、吃）为上下句相押；第4句（冲）与1（松）2（公）为隔句相押。

（3）绩溪上庄民谣《亲家》（选自《绩溪岭北方言》）

> 亲家亲家你请坐[tsʻo]，
> 尔家女儿不是货[xo]。
> 叫佢（地）扫扫地[tʻi]，
> 担（拿）把笤帚舞把戏[ɕi]；
> 叫佢抹抹桌[tsoʔ]，
> 爬到桌上裹小脚[tɕio]；
> 叫佢烧烧锅[ko]，
> 担（拿）个火叉望着我[uo]；
> 叫佢煮煮饭[fã]，

　　一半生，一半烂[nã]；

　　叫佢挑挑水[çy]，

　　担 (拿) 个扁担舞小鬼[kue]；

　　叫佢关关门[mæ]，

　　担 (拿) 起门闩乱打人[zæ]；

　　叫佢拔拔葱[tsæ]，

　　隑 (站) 在田里哭公公[kuæ]；

　　叫佢抹 (掰) 苞萝 (玉米) [no]，

　　坐在田里哭婆婆[p'o]。

　　这首民谣共有18句。有两句相押，也有四句相押。先后共更换了"梭波""一七""言前""灰堆""人辰""中东"等6个韵辙。

　　这种自由换韵，自由间隔用韵的形式是民间歌谣的重要特点。

　　第五，在特殊情况下，也可以采用韵音相同的衬字做为韵脚相押。例如：

　　（1）黟县哭词《嫁女哭轿》（余大铎记）第二节

　　　　女肉呀，尔家官人爹，敬尔一杯酒啊，

　　　　孝敬公婆天喏天呀；

　　　　女肉呀，尔家官人爹，敬尔两杯酒啊，

　　　　孝敬丈夫海洋深呀。

　　　　女肉呀，尔家官人爹，敬尔三杯酒啊，

　　　　好儿就好女呀，到身边啊！

　　（2）黟县哭词《寡妇哭丧夫》（余大铎记）开头几句

　　　　半世死呀，害得我苦命啊，

　　　　年轻又年幼呀，没有盘算啊！

天空竟降无情剑，斩断我侬恩爱情啊！

在悲恸、哭诉的情况下，是顾不上对诉说之词选韵和押韵的。因此"啊""呀"就是最好的衬韵形式：既能表达哭诉者的悲哀感情，又符合大声哭诉的实际情况。

三、徽州民间歌谣的押韵规律

"十三辙"是普通话民间文艺的押韵规律。为了对比徽州方言歌谣的用韵规律与普通话韵律的异同，我们仍使用"十三辙"的韵目，作为徽州方言歌谣韵律的名称。徽州方言歌谣如果用的是"发花"辙韵字，也叫它"发花"韵，徽州方言如果用的"怀来"和"言前"辙的韵字，就叫它"怀来+言前"韵。这样做既能看出两者韵律的异同，也有利于会用方言韵律的人学习掌握普通话的"十三辙"。徽州方言的韵律也可以归纳为十三条。分述如下：

（1）"发花"韵及韵例：

绩溪民歌《张三姐》（摘自《绩溪岭北方言》）

> 张三姐，到婆家[ko]，
> 一跤跌倒门槛下[xo]。
> 呼声爷，叫声妈[mɑ]，
> 快把尔的女儿拉[lɑ]。
> 叫爷叫妈都不答[tɑ]，
> 望着家门眼巴巴[po]。
> 自古道：靠人都是假[ko]，
> 跌倒自己爬[p'o]。

绩溪儿歌《鸡冠花》（摘自《绩溪岭北方言》）

我叫鸡冠我姓花[xo]，
鸡母爱我我爱他[t'o]，
鸡母爱我好像鸡公样，
我爱鸡母好像一枝花[xo]。

（2）"梭坡"韵及韵例：
歙县民歌《对唱山歌》（汪继长记）

女：一把里（那个）铜钱（啰）算来（么）有几个[ko]（啰）?
男：一把里（那个）铜钱（啰）算来（么）有六个（么个）格里丝毫都不错[ts'o]（啰）。
女："老亲娘"在小河边，哪一只"儿子"敢来坐[ts'o]?
男：打了一个转，"老婆"身边坐一坐[ts'o]。
女：坐坐做什么[mo]?
男：坐坐多快乐[lo]。
女：东边打小鼓呀。
男：西边打小锣[lo]。
合：打打花鼓好唱歌[ko]。

歙县儿歌《咯咯咯》

咯咯咯，咯咯咯[ko]!
生了鸡子讨老婆[p'o]。
有钱讨个花花女，
无钱讨个癫痫婆[p'o]。

（3）"乜斜"韵及韵例：

黟县民谣《邻和舍》（叶荫藩供稿）第二节

听解劝，异气歇[siɐ]，

不要只扫门前雪[siɐ]。

哪个能挂无事牌，恐尔也有争时节[tɕiɐ]。

（4）"姑苏"韵及韵例：

黟县民谣《日子如何度》（摘自《黟县志》）

江南徽州府[fu]，豆米一道掳[lu]。

问问穷邻舍，日子如何度[tu]。

歙县民谣《磨豆腐》（舒仲安供稿）

咕噜噜，咕噜噜[lu]，

半夜起来磨豆腐[fu]。

磨豆腐呀真辛苦[k'u]，

吃肉不如吃豆腐[fu]。

（5）"一七"韵及韵例：

休宁民歌《抓壮丁》（摘自《休宁县志》中的一节）

冬月雨雪到冬至[tɕi]，

心想写信往家寄[tɕi]；

借得笔来又没纸[tɕi]，

欲哭无泪空叹气[tɕ'i]。

歙县儿歌《懒婆娘》（汪继长记）

懒婆娘，清早起[tɕ'i]，
头不梳，面不洗[si]，
拿起官升去量米[mi]。
两团眼睛屎，
打破了官升底[ti]，
还怪官升没道理[li]。

（6）"怀来"韵及韵例：
祁门民歌《十二月花名》（摘自《祁门县志》）前四句

正月梅花斗雪开[k'ua]，
二月杏花送春来[la]，
三月桃花红搭白[p'a]，
四月蔷薇朵朵开[k'ua]。

歙县民歌《撒帐》（汪继长记）

撒帐撒下来，拖拖拉拉叫我来[lɛ]，
我是不曾撒帐过，撒起帐来怕塌台[t'ɛ]。
硬起头皮来撒一下，各位亲眷要捧台[t'ɛ]。
我来唱个么唉[ɛ]？（啦溜莲啦溜溜溜啊溜溜莲，
拉溜溜溜啦啦溜啊溜啦啦溜，就溜啦莲）
两个人饮下交杯酒（啊），夫妻必定更恩爱[ŋɛ]。

（7）"遥条"韵及韵例：
祁门民歌《打樱桃》（摘自《祁门县志》）

一山望到那山高[kɔ]，望到妹子打樱桃[tʻɔ]。

长篙短篙打不够,脱下花鞋上树摇[iɯɐ̆]。

东一摇、西一摇，摇得樱桃满地抛[pʻɔ]。

哥哥有心捡一个，眼盯树上难弯腰[iɯɐ̆]。

祁门民歌《月亮渐渐高》（摘自《祁门县志》）第一节

月亮渐渐高[kɔ]，

挂在杨柳梢[ʂɔ]。

小娇女在绣房，

心里多苦恼[lɔ]。

（8）"油求"韵及韵例：

歙县民歌《十送郎》第七节

七送郎，送到后门头[tʻiu]。

开开后门一棵好石榴[liu]。

摘个石榴郎哥吃，吃着味道好回头[tʻiu]。

休宁民谣《学徒苦》（摘自《休宁县志》）

学徒苦，学徒愁[tsʻiu]。

头上带"栗包"（被打的肿块），背脊驮拳头[tʻiu]。

三餐白米饭，两个咸鱼头[tʻiu]。

（9）"言前"韵及韵例：

黟县童谣《新妇骑马》（舒松钰供稿）

日头起山红到边[piě]，
新妇骑马公来牵[tɕ'iě]。
小叔小叔撑凉伞[sɔě]，
自家丈夫递马鞭[piě]。
递得够，打三鞭[piě]，
递不够，打三千[tɕ'iě]。

婺源民歌《长工歌》（摘自《婺源县志》）第三节

三月长工三月边[pĩ]，肩扛犁耙去犁田[t'ĩ]。
一日犁完三五亩，起早摸黑不见天[t'ĩ]。

（10）"人辰"韵及韵例：
绩溪民歌《情歌》（摘自《绩溪县志》）第四节

河里有水绿沉沉[tɕ'iã]，无法探得水多深[çiã]。
扔块石头看深浅，丢块手帕试妹心[çiã]。

祁门民歌《一截日头一截荫》（摘自《祁门县志》）
一截日头一截荫[iæn]，把郎晒得汗淋淋[læn]，
干妹看到心不忍，送郎一条汗毛巾[tɕiæn]，
一来给郎揩揩汗，二来给郎遮遮荫[iæn]。

（11）"江阳"韵及韵例：
休宁民谣《松萝茶》（摘自《休宁县志》）

松萝茶，喷喷香[çiau]；

松萝人，好悲怆[tɕʻiau]；

爬山越岭摘茶忙[mau]。

山越高，茶越好，

石壁岩里茶更香[ɕiau]。

跌断骨头哭断肠[tɕʻiau]。

休宁童谣《进学堂》（摘自《休宁县志》）

摘茶姐，卖茶郎[lau]，

一斤糕，二斤糖[tʻau]。

打发哥哥进学堂[tau]。

读得三年书，中个状元郎[lau]。

金童来报喜，玉女来送房[fau]。

阿姐做新人，阿哥做新郎[lau]。

（12）"中东"韵及韵例：

绩溪童谣《火焰虫》（摘自《绩溪县志》）

火焰虫，节节红[fã]，

公公挑担卖胡葱[tsʻã]，

婆婆续麻糊灯笼[lã]，

儿子开店做郎中[tsã]，

新妇织布做裁缝[fã]，

一担米桶吃不空[kʻuã]。

歙县民歌《打长工》（汪继长记）

正月新年正月正[tɕiã]，

正月里长工要上工[kuã];

先讲银子二两五,

后讲衣裳两三通[t'ã]。

(13) 综合韵及韵例:

方言中一首或一节歌谣的韵脚字来自普通话两条以上韵辙,这样的押韵规律叫做综合韵。例如:

①人辰+中东韵。如,绩溪民谣《轿夫叹》

抬轿是人,坐轿也是人[iã]。

坐在轿里乐融融[yã],

抬着轿子汗淋淋[niã],

世道真是不公平[p'iã]。

再如祁门民歌《姐妹看灯》最后一节

姐姐呀,妹妹唷,双手把香敬[tçiæn]。

姐妹们出了庙堂门[mæn],

姐姐嗳,妹妹唷,前头一书生[çiã]。

身着丝罗衫,头戴一幅巾[tçiæn],

他两眼死盯奴的身[çiæn],

羞得奴家难为情[ts'æ]。

②言前+中东韵。如休宁民歌《戒乌烟歌》(摘自《休宁县志》)

石榴花开杨柳青[ts'a],

劝人不可吃乌烟 (鸦片) [ia]。

吃着乌烟犹自可,

驼起背脊又叉肩[tɕia]。

乌烟本是外国生[ɕia]，

外国鬼子害人精[tsa]。

不识（晓）得害着人家多少好子弟，

不识（晓）得害塌人家多少好后生[ɕia]。

③言前＋怀来韵。如歙县民歌《十二月花名》的最后一节

九月菊花家家有，十月芙蓉赛牡丹[tɛ]。

十一、二月无花采呀，要想采花等春来[lɛ]。

④江阳＋梭坡韵。如黟县童谣《门隙光》（舒松钰供稿）

门隙光，门览光[kɔŋ]，

开推门，大天光[kɔŋ]。

猪劈柴，狗烧火[xɑu]，

猪弄饭，弄进馃[kɑu]。

鸡公洗碗连抓抓，

猴猁挑水满街坐[tsʻɑu]。

再如，本文开始时举过的《黟县十二都小唱》，也是一首押"一七＋灰堆＋人辰＋中东"综合韵的典型例子。

［原载《安徽师范大学学报》（人文社会科学版）2003年第1期］

歙县方言的 AAB、BAA 式结构

在歙县方言里，AAB、BAA 都是能力很强的构词方式。它们构成的有名词（包括 AAB 式的时间词和方位词），还有一大批形容词。

所谓 AAB 式就是在中心词 B 前面附加修饰性的重叠成分 AA。所谓 BAA 式就是在中心词 B 后面补充附注性的重叠成分 AA。作为中心词的 B 一般都是单音节的，只有少数 BAA 式形容词的 B 才有双音节或多音节的。

按照这两种方式构造的语词，不但可以增加语言的叠音美，而且还分别具有以下的作用：第一，表示事物的细小；第二，表达人们的喜爱、轻蔑的感情；第三，增强词义的准确性、鲜明性、生动性；第四，有利于增强语言的表达效果。

AAB 式结构在普通话里很少见。BAA 式结构普通话虽然也有，但歙县方言的较为丰富、发达，并富有特点。因此，我们研究歙县方言的这两种结构，不仅对深入调查徽州方言有一定的意义，而且也有利于普通话吸收这些有用的成分，从而丰富共同语的词汇。

一

AAB 式的结构，从它们的性质上看，可以分为名词、时间词、方位词、形容词四类。下面，我们就各类结构的表义功能，以及它们的构造特点进行分析。

（一）AAB式的名词

这种形式的名词又可以分为两类：第一类，AA与B之间的关系是一体的。AA基本上是将该事物名称的第一个音节重叠而成的。这种结构，所表现的大都是一些细小的事物。另外，由于重叠成分AA大都是该事物名称的第一个修饰性的词素充当的，所以AAB式名词还具有能够突出事物特征的优点。例如：

壁壁虎　金金鱼[1]　宝宝贝_{爱称小孩子}

胴胴纹　镗镗锣　喜喜头_{一种野生灌木的嫩芽，可食}

第二类，AA与B是修饰和被修饰的关系。作为修饰性的前加成分AA，可以从不同角度对中心词B进行修饰。从AA的性质来看，有名词性的，有动词性的，有形容词性的，还有象声词的。分别举例如下：

（1）以名词素重叠充当前加成分的，例如：

泡泡疮_{水泡疮}　　毛毛雨　　　　　　姑姑妹[mɛ²¹³]_{布娃娃}

绵绵雨_{连绵小雨}　蒂蒂妹[mɛ²¹³]_{爱称很小的孩子}　闪闪相[2]

这些结构中的AA缩小了B的词义范围，使B的意义更加具体、鲜明。同时，重叠成分AA还可以表示事物细小，或表达亲昵感情，起着一定的修辞作用。

（2）以动词素重叠充当前加成分的，例如：

流流馋[3]　　　　　　冻冻起_{未溃疡的冻疮}　　　跷跷板

变变天_{时阴时晴、阴晴不定的天气}　捏捏娘_{文静而又扭扭捏捏的人}　唻唻糖_{棒子糖}

这些以动词素重叠充当的AA，能够增强表达的生动性，使之具有连续变动的意味。

---

①"金金鱼"的说法流行在水南的深渡地区。

②歙县话把犬名叫作[lʊ⁴⁴lʊ⁴⁴]。因为犬的生命力很强，又会看守门户，所以当地人爱用犬名比称孩子。人名也爱用这个字。"相"是亲昵地骂小孩子的常用词。""是会意字，意为看守门户的狗。

③方言把口涎水叫做"流流馋"。这种叫法不及"口馋水"普遍，"馋"读[sa⁴⁴]。

（3）以形容词素重叠充当前加成分的，例如：

蒙蒙雨　　甜甜菜① 　　阴阴天 似晴非晴的连续微阴天气

小小瓶　　温温水　　矮矮鬼

这些以形容词素重叠充当的AA，除了可以突出事物的形体、性质、状态等方面的特征之外，还有一部分是对中心词B起强化作用的。它具有副词"最""很""非常"等语法意义。例如，"矮矮鬼"不等于"矮鬼"，它是蔑称比一般矮个儿还要矮的人，即"非常"矮的人。"小小瓶"不等于"小瓶"，它指的是比一般小瓶儿还要小得多的小瓶子，即"很"小的瓶子。"温温水"不同于"温水"，它指的是比一般温水的热度还要低的微温的水。

（4）以象声词充当前加重叠成分的，例如：

知知摇 蝉 　　咕咕鸟 斑鸠 　　喤喤锣 小铜锣 　　嘁嘁话 耳语

这些以象声词充当的AA，可以增强中心词B事物的形象性。

（二）AAB式的时间词和方位词

这种AAB式的时间词和方位词在普通话和汉语方言里不多见。

1.常用的AAB式时间词有：

日日朝　大大前日　大大前年　外外后朝　外外后年

这些时间词的前加成分AA，分别是用重叠的"大大""外外"来修饰的。它们都可以将中心成分B的意义起递增的作用。"日朝"原指白天，"日日朝"却是指每一天。在意义上"日日朝"比"日朝"扩大了。"大前日"是指已过去的第三天，"大大前日"，却是指已过去的第四天。"外后朝"是指未来的第三天，"外外后朝"却是指未来的第四天。重叠一个音节，词义就递增了一层，这种简明的可以表示已过去的第四个或未来的第四个的时间词，恰好可以弥补普通话在这方面的不足。

2.常用的AAB式方位词有：

前前头　　　后后头　　　　里里头　　　　外外头

---

① 东乡的溪头地区把瓢儿菜叫作"甜甜菜"，因为这种菜有点甜味儿。

中中间 最中间	当当中 最中间，最中央	正正中 最中央	当当顶 最上面的正中央
上上头	下下头	边边头 最边上	边边沿[çiə⁴⁴] 最边沿
顶顶上	顶顶下	顶顶头 最前头	末末屡 最后头
顶顶前	顶顶后	老老前	赖赖后 最后面

这些AAB式的方位词，一部分是重叠该词第一个音节构成的，一部分是重叠副词"老""顶""赖"等构成的。两类AA都具有"最""很""非常"等副词的语法意义。这样，在普通话里只能用三分法表示的方位，在歙县方言里却可以用五分法加以精确地表达。例如：表示前、中、后概念的词普通话只有"前面""中间""后面"三个方位词。歙县方言却可以用"前前头""前头""中间""中中间""后头""后后头"六个方位词加以精确的表达。同样，表示上、中、下三个概念，在普通话里只有"上面""中间""下面"三个方位词，在歙县方言里却有"上上头""上头""当中""当当中""下头""下下头"六个方位词。重叠一个音节就可以使意义表达得更加精确，这的确是一种积极的表现手段。

（三）AAB式的形容词

这种结构方式的形容词在歙县方言里很发达。它们既有强化、类化词义的作用，又有准确、生动的表义功能，还可以使词义具有不同的感情色彩。另外，它们还有丰富的构造成分和多样的组合种类。现分述如下：

1.AAB式形容词的表义功能

（1）强化词义，使之达到最高级的程度。例如：

碧碧绿　　非常绿。其程度超过"绿"，也超过"碧绿"。

雪雪亮　　非常明亮。其程度超过"亮"，也超过"雪亮"。

漆漆乌　　非常黑。其程度超过"黑"，也超过"漆黑"。

滚滚壮　　非常胖而健壮。其程度超过"壮"，也超过"滚壮"。

太太晏　　非常晚、非常迟。其程度既超过"晏"晚、迟，也超过"太晏" 太晚、太迟。

（2）能够表现出喜爱、轻蔑、甚至厌恶的感情。可以分为两种：

第一，在前加重叠成分AA的作用下，可以使原来是中性的B成分，变成富有感情色彩的形容词。凡是表现喜爱感情的重叠成分AA，都是用那些能够给人们以好感的词素充当的。例如：

碧碧清　　水非常清澈，犹如碧玉一般纯净。

金金黄　　非常黄，并且像金子那样闪闪放光。

娇娇嫩　　非常嫩，并且柔美可爱。

猫猫软　　非常柔软，好像抚摸着猫的毛皮一样。

翠翠绿　　非常鲜美嫩绿，犹如碧透闪光的翡翠一般。

凡是表现轻蔑和厌恶感情的重叠成分AA，大都是选用那些给人们印象不好的词素充当的。例如：赖赖矮非常矮小难看，屁屁轻非常轻而质差，稀稀破非常破烂，呲呲薄非常薄而质劣，蒂蒂鬼小得可怜的东西，死死重重的让人讨厌。

第二，相同的B成分，在不同的前加重叠成分AA的作用下，可以表达出不同的感情色彩。

a.同样是"甜"味道，采用"蜜蜜"作为前加修饰成分和采用"生生"作为前加修饰成分的感情色彩有所不同。"蜜蜜甜"既可以说明味道很甜，而且还可以表现出很好吃和很喜爱的感情。"生生甜"在一般情况下只是客观地说明味道非常甜。

b.同样是"酸""臭""辣"的味儿，采用不同的前加重叠成分充当AA，也可以表现出人们对"酸""臭""辣"味儿的好恶感情。

中　性	贬　义
生生酸	稀稀酸
生生臭	稀稀臭
生生辣	稀稀辣

由于"酸""臭""辣"并不是非常好的味儿，所以用"生生"[sɛ³²sɛ³²]这个加修饰成分客观地形容这些味儿的程度，也就可以表明说话人的喜好态度了。如果用"稀稀"这个前加修饰成分来形容这些味儿的程

度，就明显地表现出说话人害怕或厌恶这些味儿的感情。

c.同样是"硬""紧""重"的状况，采用不同的前加重叠成分充当AA，也可以表现出说话人不同的感情。

中 性	贬 义
铁铁硬	死死硬
铁铁紧	死死紧
老老重	死死重

用"铁铁"修饰"硬""紧"，一般都是表现说话人对物质坚硬、两物结合紧密的赞美态度，或者表现说话人对这些状况的客观态度。但是，用"死死"来修饰这些状况时，却表现了说话人的憎恨感情。

（3）能够按照客观事物的形状、性质进行类化，突出相近事物的共同性。例如：

a."漆漆"这个重叠成分基本上是用来修饰黑色的。因此，凡是光线不明亮、黑色或紫褐色的物质，都可以用它作为修饰成分。例如

漆漆黑　漆漆乌　漆漆暗　漆漆紫

b."滚滚"能够表现出圆形物体的特点，因此，凡是圆形或近似圆形的形体，都可以用"滚滚"作为前加修饰成分。例如

滚滚圆　滚滚胖　滚滚壮　滚滚肥

c."笔笔"能够表示很直、不弯曲的特征，因此，凡是具有这种特征的形体，都可以用"笔笔"作为前加修饰成分。例如

笔笔直　笔笔尖　笔笔竖陡　笔笔耸

此外，在"长、高、深、远、阔、大"和"短、矮、浅、近、狭、小"两类意义相反的形容词前面，习惯上要用不同的前加重叠修饰成分。"老老"用来修饰积极性的形容词，"赖赖"①用来修饰消极性的形容词。

老老B	赖赖B
老老长	赖赖短

---

① "赖"在歙县徽城话里有两种读音："抵赖""无赖"，等读[la³³]，只有作副词用的时侯读[le³³]，如"赖赖后""赖赖矮"等。

老老高　　　　　赖赖矮

老老深　　　　　赖赖浅

老老远　　　　　赖赖近

老老阔　　　　　赖赖狭

老老大　　　　　赖赖小

（4）能够突出同类事物的不同特征，使其意义更加精密，准确。例如：

a.同样是形容"新"的东西，由于前加重叠成分AA不同，因而能够区别所述对象在质量、数量、以及范围上的不同。

呱呱新　　形容质量非常好、式样又新颖美观。

崭崭新　　形容物品很新。

簇簇新　　形容许多东西都是非常新的。

都都新 "都"读[t'u²]　　形容浑身上下穿的都是非常新的衣服。

b.同样是形容"潮湿"的状况，由于前加重叠成分AA不同，因而所表述的"潮湿"的程度和状况也有所不同。

透透湿　　形容具有吸湿性的物体从里到外都是非常潮湿的。

稀稀潮　　形容物体很潮湿。它的使用范围很广，可以形容个体也可以形容很多物体。不过，使用这个形容词往往带有厌恶的感情色彩。

彻彻湿　　形容潮湿得连一点儿干爽地方都没有了。

彻彻浸　　形容潮湿得像在水里浸泡过一样。

c.同样是形容"满"的情况，由于采用了不同的前加重叠成分AA，因而能够区别不同的物质和不同的状况。

堆堆满　　形容物品堆放得非常满。

堆堆尖　　形容物品堆放得很满，并达到冒了尖的程度。

拍拍满　　既可以形容物品堆放得很满，又可以形容物品摆得面积很大、很密。

披披满　　形容能够流淌的物品已经满得快要淌出来了，不能再装了。

披披沿　　形容液体物质装得到了边沿，满得快要溢出来了。

（5）加强了比喻义，突出了形体上或性质上的特征，使之更加生动形象。例如：

雪雪白　　像雪一样洁白。

铁铁硬　　物质硬得像铁一样。

粉粉碎　　碎得像粉沫一样。

纤纤细　　物体又细又长，像纤维一样。

飞飞快　　速度快如飞；刀刀锋利，切割物品的速度也像飞那样快。

得得滚　　水很开，沸腾翻滚，发出"得得"[tɤ²¹tɤ²¹]的响声。

2.AAB式形容词的构造成分和组合种类

（1）名词素重叠的AA＋形容词性的B。如：

笔笔竖　火火辣　墨墨黑　屁屁泡_{松软}　纤纤细　冰冰冷

（2）动词素重叠的AA＋形容词性的B。如：

滚滚靴[ɕya²¹³]_{很烫}　拍拍满　扎扎密　飞飞快　堆堆尖　生生瘦

（3）形容词素重叠的AA＋形容词性的B。如：

温温热　彤彤红　娇娇嫩　焦焦干　糟糟浑　稀稀烂

（4）副词素重叠的AA＋形容词性的B。如：

绝绝细　太太晏　笃笃稳　顶顶巉_{很陡峭}　都都新　实实丑

（5）有一部分AAB式形容词是重叠双音节复合词的第一个音节构成的。例如：

标标致　动动摇　滑滑溜　认认真

端端正　嫡嫡亲　整整齐　许许多

（6）象声词的AA＋动词性的B，或象声词的AA十形容词性的B。例如：

呱呱叫　　　　烘烘着　叮叮滴　<u>得得</u>滚①

<u>光光</u>响_{声音响亮；名声大}　<u>朋朋</u>脆　霍霍辣　<u>朋朋</u>燥_{非常酥}

————————

① "得得""朋朋"等字下面的横线"—"，表示该字为同音代替的字。以下同此。

通过分析，我们知道歙县方言AAB式形容词大致可分为六类。它的构造成分非常丰富，分别来源于名词、动词、形容词、副词、象声词，等。①

二

歙县方言里BAA式结构也是以形容词最丰富。其他的比较少。常见的BAA式的名词大都可以表现出物品细小的特点。例如：

桑檬檬 桑葚　蚕蛾蛾 蚕蛹　蛇链链 蜥蜴　蛤蟆幼幼 蝌蚪

苍蝇蜒蜒 蜻蜓　麻灶灶 灶间里象蟋蟀一样的小动物　酸檬檬 野草莓

另外，还有一些可以增强事物形象性的。例如：

碗冢冢 碗底，意思是碗屁股　麻点点 斑点

肉来ᵓ来ᵓ[$lɛ^{213}lɛ^{213}$]② 皮肤上生的小疙瘩　知摇摇 蝉

老呷呷 乌鸦　鱼泡泡 鱼鳔

下面，我们对BAA式形容词进行重点分析。

1.BAA式形容词的表义功能

（1）能够把性质、特征相近的事物进行概括和类化，从而突出这些事物的共同性。例如：

a.“釉釉”这个重叠的后附成分，可以表现出相近事物的光滑而有色泽的特点。

光釉釉　青釉釉　绿釉釉　黑釉釉

b.“辘辘”这个重叠的后附成分，可以表现出相近事物的圆柱形的特点。

圆辘辘　肥辘辘　壮辘辘　胖辘辘

c.“式式”这个重叠的后附成分，可以表现出行为不端的特点。

---

①此外，还有一些不易归类的AAB式形容词。例如：邋邋遢、兜兜转、蹑蹑走、千千万（叮咛），等等。

②字角的半圈“ɔ”为声调的调类符号。来ᵓ表示该字应读“来”的阴去调。

老式式 _{老资老味的样子}　　流式式 _{流而流气的样子}

猛式式 _{莽里莽撞的样子}　　木式式 _{呆里呆气的样子}

神经式式 _{神经不正常的样子}　轻骨头式式 _{瞧不起人的样子}

（2）能够把同类事物的不同特征进行提炼，并加以突出，使其义表达得更加准确、鲜明。例如：

a.同样是形容"光滑"的状况，用不同的后附重叠成分，可以表现出光滑的不同程度和不同特点。

光溜溜 _{光而滑}　　　光辘辘 _{光而圆}

光搨搨 _{光而平}　　　光釉釉 _{光而有泽}

b.同样是形容"甜味"的，用不同的后附重叠成分，可以表现出物质的不同甜度和不同情况。

甜蜜蜜　　很甜而且可口；引义为美满、幸福。

甜滋滋　　比较甜而且水份很多；引义为心情愉快、舒畅。

甜*丝丝*　　虽甜但不够浓。

甜粼粼　　水份很多，但仅带微甜。

c.同样是形容"黑"（或"乌"）的颜色，用不同的后附重叠成分，可以表现出不同的黑度和不同的特点。

乌（或"黑"）秋秋　　①形容物体比较黑，无光；②形容无光线，比较暗；③形容犯了过错后精神不振的样子。

乌昽昽　　形容光线昏暗。

乌溜溜　　形容物体黑而且肮脏。

乌缁缁　　形容颜色很黑，但无光译。

乌（或"黑"）鳌鳌　　形容黑而明亮，常用来形容炯炯有神的眼睛。

黑釉釉　　形容物黑而有光泽。

黑乌溜溜　　形容物很黑而且光滑。

黑膛膛　　形容人的脸色黑里透红。

黑糙糙　　形容人的皮肤黑而且比较粗糙。

（3）加强比喻义，突出事物的特征，使之更加生动形象。例如：

毛浓浓　　形容毛多而且绒厚。

直傲傲　　形容树木高大苍劲挺拔。

日滔滔　　形容时间很长，或感觉时间过得很慢。

瞎仰仰　　形容盲人仰首摸索行动的样子。

痒蛆蛆　　形容痒得像蛆在身上爬一样。

春米额额　　形容打瞌睡、冲盹儿的样儿；形容年老体弱、精神萎靡的样子。

松吱吱　　形容物体结构不紧；形容制度不严格，工作不紧张。

弯弓弓　　形容物体弯得像弓一样。

（4）使反义词的意义更加鲜明，既可以增强表达效果，又可以表明说话人的好恶感情。例如：

长婷婷：矮屎屎	密绲绲：稀拉拉	胖辘辘：瘦稀稀
稳涵涵：浮漂漂	软猫猫：硬戳戳	壮辘辘：虚泡泡
饱敏敏：饿咕咕	干爽爽：湿漉漉	嫩滋滋：老瘠瘠
亮扎扎：乌缁缁	直傲傲：弯弓弓	齐整整：乱糟糟

每组左边一行大都是褒义的，可以表明说话人的赞赏态度。每组右边一行都是贬义的，对比之下可以表现出说话人的鄙弃态度。

（5）在后附重叠成分的作用之下，使一大批非形容词也变成了形容词，大大增强了语言的表现力。例如：

a."风、汗、油"等名词，在"丝丝"的作用下，可以构成"风丝丝""汗丝丝""油丝丝"等形容词。

b.名词"火"，在"燎燎""蹦蹦""爆爆""辣辣"等重叠成分的作用下，也变成了"火燎燎""火蹦蹦""火爆爆""火辣辣"等形容词。

c."抬头""低头""咬牙"等动词，在后附成分"傲傲""轭轭""嗞嗞"的作用下，也变成了"抬头傲傲""低头轭轭""咬牙嗞嗞"等形容词。

2.BAA式形容词的构造成分和组合种类

（1）名词性的B+形容词素重叠的AA。例如：

　　火辣辣　　雾浓浓　　心灵灵　　直壁峭峭

（2）名词性的B+动词素重叠的AA。例如：

　　火燎燎　　伙滴滴[sᴀ̃⁴⁴]懦弱、无能　气鼓鼓　　硃砂搭搭

（3）名词性的B+名词素重叠的AA。例如：

　　风丝丝　　毛茸茸　　水晶晶　　肉筋筋

（4）形容词性的B+名词素重叠的AA。例如：

　　辣火火　　弯弓弓　　痒蛆蛆　　甜蜜蜜

（5）形容词性的B+形容词素重叠的AA。例如：

　　乌暗暗[ŋᴀ̃²¹³ŋᴀ̃²¹³]　虚泡泡　　饱敏敏　　黑乌溜溜

（6）形容词性的B+动词素重叠的AA。例如：

　　痛扭扭　　沉嚎嚎 嚎哭　　密扎扎　　绵缠缠 长时间地纠缠

（7）动词性的B+形容词素重叠的AA。例如：

　　动拗拗 小动物不驯的乱动状　　飞篷篷 昆虫密集飞舞状

　　抬头傲傲 高傲的样子　　低头轵轵 过分迂谨、谦恭的样子

（8）动词性的或形容词性的B+象声词的AA。例如：

　　脆朋朋　　松吱吱　　响光光　　饿咕咕

　　气呼呼　　着烘烘　　笑哈哈　　咬牙嗞嗞

（9）还有一部分BAA式形容词是将双音节复合词的后一个音节重叠而成的。例如：

　　动摇摇　　别扭扭　　懒惰惰　　潮湿湿

　　癫狂狂　　疲沓沓　　许多多　　呆板板

由此，我们知道，歙县方言BAA式形容词的构造成分分别来源于名词、动词、形容词和象声词。它的构造种类达九种之多。这正是歙县方言BAA式形容词丰富的重要原因。

三

这里，我们再比较一下歙县方言AAB式和BAA式形容词的特点，以及它们的句法功能。

第一，AAB式形容词的基本特点是强调。它以偏正的结构关系把事物的性质、状态等强调到最高级的程度。我们从第（三）部分的AAB式形容词的六种组合种类来看，绝大多数AAB式的形容词都有B、AB、AAB的三级比较式，只有少数是B（或AB）、AAB两级比较式。例如：

组合种类	一般义	较强义	最强义
第（1）类	轻	屁轻	屁屁轻
第（2）类	快	飞快	飞飞快
第（3）类	干	焦干	焦焦干
第（4）类	巉	顶巉	顶顶巉
第（5）类	齐	整齐	整整齐
第（5）类	—	标致	标标致
第（6）类	脆	*朋脆*	*朋朋脆*
第（7）类	辣	——	呵呵辣

这些比较式将形容词的意义由一般直至强调到最强的程度。

BAA式形容词的基本特点是附注性。它以后补的结构关系从各个不同的方面陈述事物的性质、状态等。

第二，AAB式形容词强调词义的方法大都采用夸张的手法；BAA式形容词陈述词义的方法，一般采用描述的手法。"雪雪白"就是用"雪"的白色来夸张形容颜色白的程度。"米米白"也是以米白色夸张的形容病人面无血色的程度。不管作为前加重叠成分的AA是动词素、形容词素、或象声词，它们对中心成分B也都是起夸张形容作用的。如，用"滚滚胖"形容很胖，用"披披沿"（将溢状）形容水装得很满，用"得得滚"或"哗哗滚"形容水很开，等等，都是采用夸张的表现手法。但是，BAA

式形容词则是采用描述的表现手法来陈述词义的。因为作为BAA形容词的中心成分B，已清楚地告诉我们物体的形状、性质，以及动作行为的状态等。其后的重叠成分AA，对中心成分B只起补充说明的作用。例如："老瘸瘸"说明动、植物生长发育不良，老而瘦弱的样子，"甜丝丝"说明甜得程度很微，"浮跷跷"说明为人轻浮、不稳实的品质，等等。即使有的BAA形容词和AAB形容词的重叠成分AA相同，例如"冷冰冰"与"冰冰冷"，"圆滚滚"与"滚滚圆"，"脆朋朋"与"朋朋脆"等，由于AA出现的位置不同、作用不同，所以表达词义的手法也就有了不同。"冰冰冷""滚滚圆""朋朋脆"是以夸张的手法形容很冷、很圆、很脆。"冷冰冰""圆滚滚""脆朋朋"是以描述的手法说明冷的情形、圆的状况、脆的程度。

另外，就声音的音量强弱来看，AAB式形容词一般读为"重、次重、重"，BAA式形容词一般读为"重、次轻、轻"。

综合以上所述列表对照如下：

AAB式		BAA式	
表 现 手 法	强 调 式 偏正关系 重次重重	附 注 式 后补关系 重次轻轻	表 现 手 法
夸 张	冰冰冷 猫猫软 披披满 扎扎密 滚滚圆 漆漆暗 稀稀臭 朋朋脆	冷冰冰 软猫猫 满披披 密扎扎 圆滚滚 暗漆漆 臭稀稀 脆朋朋	描 述

第三，因为AAB式形容词是以强化词义为目的，所以它构成的同义词比较少。这是因为，同一性质、状况在"最强程度"上往往只有一种可能性。而BAA式形容词是以描述事物的性质、状况为目的，所以它构成的同义词就比较丰富。这是因为客观事物的性质、状况多种多样，以及人们对这些性质、状况的感觉、认识也有不同。列表比较如下：

AAB式	BAA式
冰冰冷 极冷	冷冰冰 很冷 冷丝丝 微冷 冷飕飕 风吹致冷 冷森森 心理的感觉 冷焐焐 液体物质微冷
焦焦干 极干	干巴巴 过分干；语言、文字不生动 干松松 干燥松散 干爽爽 干燥舒适
滚滚圆 极圆	圆滚滚 物体很圆 圆溜溜 圆而光滑 圆辘辘 很圆的柱体 圆来°来° 物体不太圆 圆周周 很圆的圈和很圆的平面
老老长 个儿很高	长傲傲 身材高大魁梧 长婷婷 身材苗条好看 长条条 身材瘦长 长吊吊 身子细长难看

因此，我们说，AAB式形容词和BAA式形容词分别从词义的"强化"和"精密化"两个方面共同加强了歙县方言的鲜明性和准确性。

第四，歙县方言和普通话都有BAA式的形容词。我们把这两种话里的BAA式形容词进行比较，虽然可以看出它们有很多共同之处，但是，我们还可以发现两者之间有以下的不同之点。

（1）歙县方言有动词性B＋动词素重叠的AA结构，普通话里基本上没有这样的结构。例如：打玩玩、摇动动、火蹦蹦焦急状、胀鼓鼓肿胀状。

（2）歙县方言有重叠复合词后一个音节构成的BAA式形容词，普通话里没有。例如：动摇摇、懒惰惰、潮湿湿、别扭扭、一些些量多也、许多多。

（3）普通话的BAA式形容词的中心成分都是单音节的，而歙县方言里BAA式形容词的B可以是多音节的。例如：直壁峭峭山岩陡峭、低头轵轵精神不振或暗下算计、红眼浅浅贪爱、加勉呲呲勉强、吃力状、老油条式式、赤果历洁洁赤膊状。

第五，AAB式形容词和BAA式形容词的句法功能基本相同。一般地说，描写静物状态的大都可以充当主语、谓语、宾语、定语和补语。有少数描写行为动作的，只能做状语和补语。现在分类举例如下：

a. 做主语　　AAB 和 BAA 形容词做主语时，后面都要带"唉"（"唉"读[ε²²]，相当普通话的助词"的"）。

ＡＡＢ

① 滚滚胖唉不好看。

② 标标致唉都欢喜。

③ 动动摇唉怕死人。

ＢＡＡ

① 水漉漉唉着不的 (不能穿)。

② 弯弓弓唉顶难看。

③ 咬牙磁磁唉怕死人。

b. 做谓语　　BAA 式形容词做谓语时，后面要带"哩"（相当普通话的语气词"的"），AAB 式形容词做谓语时，后面不带"哩"。

ＡＡＢ

① 河水碧碧清。

② 那个人滚滚壮。

③ ŋ⁴⁵ (你) 家女真标标致！

ＢＡＡ

① 衣裳水漉漉哩，快脱塌！

② ti⁴⁴ (他) 成日懒惰惰哩。

③ 那个老唉 (老人) 舂米额额哩

AAB 和 BAA 形容词与"是…唉"组成"是 AAB（BAA）唉"式谓语。

④ 河水是碧碧清唉。

⑤ 水是得得滚唉。

⑥ 那张桌是动动摇唉。

④ 衣裳是水漉漉唉。

⑤ 树是弯弓弓唉。

⑥ ŋ³² (这) 个人是猛嘿嘿唉。

c. 做宾语

ＡＡＢ

① 阿 (我) 欢喜滚滚壮。

② 哪个人不欢喜标标致呀？

③ 蚂蚁来哩 (了) 许许多！

ＢＡＡ

① 阿欢喜懒惰惰，ŋ⁴⁵ (你) 管不着。

② ŋ⁴⁵ (你) 不要打玩玩。

③ 阿 (我) 不怕咬牙嗞嗞哩。

d. 做定语　AAB 和 BAA 形容词做定语时，后面都要带"唉"（相当普通话的助词"的"）。

ＡＡＢ

① 得得滚唉水能泡茶叶。

② 许许多唉妈蚁怕死人。

③ 标标致唉女，人家都欢喜。

ＢＡＡ

① 水漉漉唉衣裳着不的。

② 弯弓弓唉树不能取料。

③ 猛嘿嘿唉人，不能搭 ti⁴⁴嘻 (玩)。

e. 做补语 BAA 形容词做补语时，后面要带"哩"，AAB 形容词做补语不带哩。做补语标志的结构助词"哩"，相当普通话的"得"。

   A A B   B A A

 ① 水烧哩滚滚靴（烫）。   ① 衣裳涠哩水漉漉哩。

 ② 那个人吃哩滚滚壮。   ② $\dot{\eta}^{22}$（这）根树生哩弯弓弓哩。

 ③ 张桌抗（放）哩动动摇。   ③ ti^{44}（他）气哩咬牙嗞嗞哩。

  另外，少部分用于描写行为动作的AAB和BAA形容词，只能充当句子的状语和补语。它们做状语时，后面都要带"哩"，做补语时BAA形容词后面要带"哩"，AAB形容词后面不带。

   A A B   B A A

 ① 阿（我）到处兜兜转哩寻。   ① $\dot{\eta}^{22}$（这）个女人家沉嚎嚎哩哭。

 ② 阿寻 η^{45}（你）寻哩兜兜转。   ② $\dot{\eta}^{22}$（这）个女人家哭哩沉嚎嚎

 ③ 都耗役死哩（都累死了）。   哩，伤心死哩！

［原载《安徽师大学报》（哲学社会科学版）1981年第4期］

徽语的特殊语法现象

"徽语"是汉语新划分的十大方言区之一。为了给研究者们提供一些关于这个方言区的情况，本文将作者前些年调查皖南徽语获得的语法方面的一些特殊现象作一描述。

一、名词的特殊后缀

皖南徽语中有不少名词的后缀是不见于普通话的。常见的如"佬"[lɔ⁴⁵]、"鬼"[kue⁴⁵]、"嗯"[n̩]、"的"[ti]、"啦"[la]、"唉"[ɛ]、"仂"[le]或"阶"[ka]等。

"佬"[lɔ⁴⁵]用于对人的称呼词，略带贬义。例如：驼背佬、急巴佬（结巴者）、龇牙佬（龅牙者）、孤寡佬（单身汉）、山里佬（山里人）、乡巴佬（乡下人）。

"鬼"[kue⁴⁵]也用于对人的称呼，带有较重的贬义。例如：邋遢鬼、猪疹鬼（疯子）、小米鬼（吝啬者）、舂米鬼（好打瞌睡者）、吵死鬼（好吵闹的孩子）、花色鬼（调皮捣蛋的孩子）、促掐鬼（好捉弄人者）、诮驳鬼（好取笑人者）、阴思鬼（阴险者）。

"嗯"[n̩]是"儿"的音变形式。它在皖南徽语中大都以舌尖鼻音的形式紧附在词的尾部。例如：屯溪话"枣嗯"读成[tsən³¹₂₄]，"盖嗯"读成[kuən⁴²₂₄]，休宁话"裤嗯"读成[kun⁵⁵₂₄]，"篮嗯"读成[lɔn⁵⁵₂₄]，祁门话"叶嗯"读成[ien³³₂₄]，"纽嗯"读成[nien⁴²₂₄]，黟县话"鱼嗯"读成[n̠yn⁴⁴]，

"菜嗯"读成[tsʻuən³²⁴]。只有旌德话将"儿"缀读成自成音节的"伲"[ŋi]。例如："猫伲"读成[miɔ⁴²ŋi]，"姑伲"读成[ku³⁵ŋi]（女孩子）。徽语中的"儿"（嗯或伲）缀，其性质、功能与普通话的"儿化"基本相同，但是它构词能力已经减弱，使用范围比普通话的儿化词也较狭窄。

"的"[ti]是旌德话名词的后缀，"啦"[la]是祁门话名词的后缀。两者的功能大体相同。

旌德例词	祁门例词	普通话词
根的	桃啦	根子、桃子
鸡的	鸡啦	鸡
馋围的	弟啦	围嘴儿、弟弟
手杆的	妹啦	手臂、妹妹
蚊帐的	筛啦	帐子、筛子

此外，在歙县、休宁话里也有许多不同职业的人称名词是由"唉"[ε]、"仂"[le]或"吤"[ka]等后缀构成的。例如：

送信唉（歙）　　送信仂（休）　　剃头唉（歙）
剃头仂（休）　　讨饭唉（歙）　　讨饭仂（休）
掌厨唉（歙）　　掌厨仂（休）　　当家唉（歙）
当家吤（休）　　男唉（歙）　　　女唉（歙）、男吤（休）
女吤（休）　　做生意唉（歙）　做生意吤（休）

二、词的重叠和时态

皖南徽语的单音动词虽然也可以重叠，但是重叠的音节都不读轻声，重叠后在用法上跟普通话也有不同。

第一，单音动词重叠后可以连带补语，重叠具有加强语气的作用。例如：

尔看看清楚哐！——你看清楚嘛！
听听明白再讲话。——听明白了再说。

手洗洗干净再吃饭。——把手洗干净了再吃饭。

衣裳烘烘干再着。——把衣服烤干了再穿。

吃吃饱再去。——吃了饭再走。

第二，有些及物的单音动词重叠后仍可以连带宾语，重叠成分带有"作完""做好"的附加意义。例如：

吃吃饭再去。——我吃完饭再去。

铰铰指甲就来。——我剪好手指甲就来。

洗洗面嘴再吃饭。——洗好脸再吃饭。

徽语中不同的时态特征，有的是用动词重叠形式表示的，有的是在动词后加上方言中特殊的助词形式表示的。

用动词重叠表示"尝试"时态的形式有以下两种：

①AA＋看　　使用面很广泛。例如：

尔去看看看！——你去看一看嘛！

让卬来算算看。——让我来算一算。

尔再去搭佢讲讲看哑。——你再去跟他谈一谈嘛。

②AAB　　这种重叠形式在绩溪话里常用。它是将联合式双音动词的第一个动语素重叠构成的。例如：

劳劳动身体要好点。——劳动劳动对身体会有好处的。

学学习总没有坏处。——学习学习总没有坏处。

要锻锻炼唻哑，不要老蹲在家子。——该锻炼锻炼啦，不要老是蹲在家里。

佢有事做尔商商量，尔快点去吧！——他有事跟你商量商量，你快点去吧！

可以看出，"劳劳动""学学习""锻锻炼""商商量"跟普通话"劳动劳动""学习学习""锻炼锻炼""商量商量"的意思相同，也是表示动态的一种方法。

用动词重叠表示动作"持续"时态的形式也有两种：

①AA　　徽语用单音动词重叠的方法表示动作的持续态。例如：

讲讲笑起来喽。（歙）——他说着说着笑起来了。

看看就一个侬笑起来。（黟）—— 他看着看着就自己笑起来。

小囝嚎嚎就困着了。（绩）——小孩子哭着哭着就睡着了。

重叠的单音动词都读重音。

②AAAA　　绩溪话还有单音动词四叠式，表示动作"持续"的时态。例如：

看看看看就困着唻。——看着看着就睡着了。

讲讲讲讲就发火唻。——说着说着就火起来了。

嚎嚎嚎嚎就困着唻。——哭着哭着就睡着了。

唱唱唱唱就笑起来唻。——唱着唱着就笑起来了。

无论是AA或AAAA式，都跟普通话的A着A着式的意思相当。四叠式的语音形式是A（重）A（次轻）A（次重）A（轻）。

在动词后面加上特殊的助词，可以表示正在"进行的"、行为"完成"和"经历"的时态。

① 将表示近指或远指的方位结构加在动词的前面表进行态。例如：

佢在那哪写信。（歙）——他正在那儿写信。

佢是那哝写信。（黟）

佢是那嗒写信。（绩）

佢是么里写信。（休、屯）

印在嗯哪吃饭。（歙）——我正在这儿吃饭。

俺在呐哝吃饭。（黟）

俺在嗯嗒吃饭。（绩）

俺在个里吃饭。（休、屯）

② 用动词加助词"哩"[li]表示完成态。例如：

上半日印看哩本小说。——一个上午我看了一本小说。

尔下哩课就去家喽。——你下了课就回家了。

印等佢等哩半日喽。——我等他等了半天了。

佢吃哩饭喽，尔吃饭不曾？——他吃过饭了，你吃饭没有？

③歙县、绩溪话有两种表示经历态的方法。其一，动词＋名词＋过。例如：

印到上海过。（绩）——我到过上海。

佢坐飞机过（歙）——他坐过飞机。

佢困觉不曾到十二点过。（绩）——他睡觉没有到过十二点。

其二，动词＋过＋名词＋过。例如：

印到过上海过。（绩）——我到过上海。

佢坐过飞机过。（歙）——他坐过飞机。

印看过电影过。（歙）——我看过电影。

祁门话是个例外，进行态、完成态和经历态都是用"着"表示的。例如：

我吃着饭看电影。——我吃着饭看电影。

我吃着饭再看电影。——我吃了饭再看电影。

我吃着蛤蟆，尔吃着不曾。——我吃过青蛙，你吃过没吃过。

三、形容词的生动形式

徽语中形容词的生动形式也可分两大类：重叠式和非重叠式。

皖南徽语中形容词的重叠形式很丰富，有前加成分重叠（AAB）式和后加成分重叠（BAA）式，有单音节形容词三叠（BBB）式和ABAB式。AAB式和BAA式的形容词在歙县、绩溪话里很丰富。因作者已有拙文论述，这里就不再介绍。

BBB式　　这种是儿化的单音节形容词的三重叠式，多见于黟县话中。例如：

轻儿轻儿轻儿呢——轻轻儿的（走）

慢儿慢儿慢儿呢——慢慢儿的（走）

涓儿涓儿涓儿呢——细细的（流）

悠儿悠儿悠儿呢——精心的，慢悠悠的

下儿下儿下儿呢——时时刻刻的

重儿重儿重儿呢——重重地

这种三叠式结构，既可强调词义，又可表达亲切、善意的感情。

ABAB式　　这是一种加强形容程度的表达形式，主要见于绩溪话和旌德话里。例如：

煎黄煎黄（绩）——焦黄、很黄　　屁轻屁轻（绩）——很轻

俊光俊光（绩）——很光滑　　　　墨暗墨暗（绩）——光线很暗

紧抠紧抠（绩）——精打细算　　　拍满拍满（绩）——非常满

粉嫩粉嫩（旌）——非常嫩　　　　飘轻飘轻（旌）——非常轻

滚壮滚壮（旌）——很胖很健壮　　滑亮滑亮（旌）——光滑、铮亮

精浓精浓(旌)——很稠(浓度大)　　稀涝稀涝(旌)——很稀(浓度小)

铁老铁老（旌）——很老　　　　　猫软猫软（旌）——很柔软

形容词的非重叠式主要有："B不AA"式、"B都B死"式、"AB顶AB"式、"AXB"式，以及形容词前加"老"、加"顶老"和"顶顶老"等加强词义的形式。

B不AA式　　这是一种形容词的意义减弱式。例如，歙县话里的例词：

酸不啮啮——酸酸的　　　　　　猛不嘿嘿——冒冒失失的

痴不呆呆——有点儿呆呆的　　　洋不淘淘——有点吊儿郎当

憨不经经——有点儿装模作样　　伈不滴滴——有点装死的样子

这种结构除去"不"，即为BAA式：痴呆呆（痴不呆呆）。但它的语气较BAA缓和，强调的程度也较弱。

B都B死式　　这是一种词义的加强式。例如，歙县话里的例词：

痴都痴死（哩）——傻得要命　　寿都寿死（哩）——太肉头了

迂都迂死（哩）——迂腐得要死　吵都吵死（哩）——吵闹得要命

想都想死（哩）——想念得要命　嚎都嚎死（哩）——哭得很厉害

这种结构也可以简缩为"B死"式，如"痴死"（嘿）、"吵死"嘿。后者的强调程度较弱。

AB顶AB式　　这里在重叠的双音节形容词中间嵌入副词"顶"的结构形式。这种结构式比ABAB式的形容程度还要强些。例如，绩溪话里的例词：

老高顶老高——很高很高　　　老远顶老远——很远很远

客气顶客气——非常客气　　　热闹顶热闹——极其热闹

标致顶标致——非常漂亮　　　蹩脚顶蹩脚——非常差次

要紧顶要紧——非常重要　　　便宜顶便宜——非常便宜

AXB式　　这是在"AB"双音形容词之间嵌上一个不固定的音节"X"（多为形容词）构成的。例如，绩溪话里的例词：

老蛮长——很长　　滥谷短——很短　　绝乌细——很细

消当薄——很薄　　墨乌暗——很暗　　煎煳黄——焦黄焦黄

鲜赤红——很红　　喷丁香——非常香　鲜活腥——非常腥

结构中的"X"既可增强AB形容词的词义，还可以使词义更加精确。例如，"老蛮长"中的"X"（蛮）就可以起到强调词义的作用。"煎煳黄"中的"X"（煳），既能起到增强词义的作用，又说明"黄"色是由煎炸、炙烤而形成的。使"黄"的意义表现得更加精当确切。

此外，在形容词前分别加"老"或"顶"，加"顶老"、加"顶顶老"等成分。分别构成"老B"或"顶B"等结构式。从而使词义分为"正常级""一等加强级""二等加强级""三等加强级"。举绩溪话例子：

正常级	一等加强级	二等加强级	三等加强级
高	老高	顶老高	顶顶老高
厚	老厚	顶老厚	顶顶老厚
重	老重	顶老重	顶顶老重
蹩脚		顶蹩脚	顶顶蹩脚
便宜		顶便宜	顶顶便宜
污糟		顶污糟	顶顶污糟

这种结构的鲜明特点，是使词的意义逐级加强。

四、代词上的特殊形式

人称代词无论是单数、复数在表述形式上跟普通话都有较大的差异。

方言点	单数式			复数式		
	一称	二称	三称	一称	二称	三称
歙县	a^{32} (~家)	ŋ^{45} (~家)	ti^{44} (~家)	a^{32}人	ŋ^{45}人	ti^{44}人
绩溪	ɔ^{213} (~伢)	ṇ^{213} (~伢)	ki^{44} (~伢)	ã^{213}人 (~人家)	ŋ^{213}人 (~人家)	ki^{44}人 (~人家)
屯溪 休宁	ŋɔ^{55} (~伢)	ŋ^{55} (~伢)	kə^{55} (~伢)	ŋɔ^{55}人	ṇ^{55}人	kə^{55}人
祁门	a^{42}洒	ṇ^{11}	tɕ'i^{55}	洒大家	ṇ大家	tɕ'i大家
旌德	a^{213} (~伲)	ŋ^{213} (~伲)	ki^{42}	a^{21}伢	ṇ^{21}伢	k'i^{42}伢
黟县	a^{21}	ŋ^{21}	kau^{44}	a^{21}侬	ṇ^{21}侬	kau^{44}侬

从上表中可以看出，不仅单数、复数人称代词的语音形式不同，而且在歙县、休宁、旌德等地的单数式说法中，一般在列举述说时还可以附带轻声的"家"[ka]、"伢"[le]或[lə]、伲[ṇi]等后缀。歙县、绩溪、屯溪、休宁等地话复数用"人"表示，旌德话用"伢"表示，黟县话用"侬"表示，祁门话用"大家"来表示。

徽语中很多地方的方位代词大都有"近""中""远"三种指代的说法。例如：

方言点	近指（这里）	中指（那里₁）	远指（那里₂）
歙县	嗯哪 n^{32}na·	那哪 n^{32}na·	哪哪 na^{45}na·
绩溪	嗯嗒 n^{22}tɔ^{13}	那嗒 lɔ^{22}tɔ^{13}	面嗒 mɛi^{22}tɔ^{13}
黟县	呐哝 nɛi^{21}naŋ	那哝 nɔ^{22}naŋ	挪叭 nɔ^{35}pɔn^{35}

皖南徽语的"远指"（那里₂），通常是在同"中指"（那里₁）对举使用时出现。日常口语中使用"近指"（这里）、"中指"（那里₁）的机会较多。

五、状语和补语的位置特殊

状语是修饰动词或形容词的附加成分。可是皖南徽语中有些句子的动词的修饰成分却习惯出现在句子的末尾。

第一，徽语中表示动作行为再次重复的"添"，跟普通话的副词"再"相当。但是它们在语句里的位置不同：普通话的"再"紧靠动词前做状语，徽语的"添"却出现在句末。例如：

徽 语 例 句	普 通 话 例 句
给（或界）俺五块洋添	再给我五块钱。
唱个歌添	再唱一支歌。
想一下添	再想一会儿。
嬉一日添	再玩一天。

另外，徽语中还出现了"再＋（动词＋数量）＋添"的句式。在歙县话其语法意义却是动作行为的再一次重复。例如：

再吃一碗添。——再次重复添饭。

再想一下添。——再一次想一想。

再嬉一日添。——再次要求多玩一天。

这种"再＋（动词＋数量）＋添"的说法，在其他县、市话里只起加强语气作用，并无"再次要求重复行为次数"的意思。

第二，徽语表示动作行为的先前一步，习惯采用"起"或"着"表示。它们的作用跟普通话的副词"先"相同。但是普通话的"先"只出现在动词的前面，徽语的"起"或"着"却出现在句末。例如：

徽 语 例 句	普 通 话 例 句
尔吃起（或着），卬去去就来。	你先吃，我去一会儿就来。
尔坐下起（或着）卬马上就来。	你先坐一会儿，我马上就来。
尔吃起，我等下吃。	你先吃，我等一会儿吃。
尔喝起喥！俺侬……	你先喝嘛！我们……

尔吃点茶起，歇一下再讲。　　　　　你先喝点茶，歇一会儿再说。

"起"（或"着"）的这种用法，只限于时间上较先于他人一步。不能用于行为先后的对举，例如"先卖票，后乘车"的说法就与普通话一样。

第三，程度副词"很"在普通话里常习惯在谓语前面做状语。例如"这个人很好"。但徽语中表示程度的"很"却习惯出现在谓语之后。例如歙县话的例子：

菜好吃很啰。——菜很好吃。

衣裳漂亮很啰。——衣裳很漂亮。

嗯扎生活好很啰。——现在生活很好。

至于，徽语中表示谓语程度过分的副词"很"，普通话却是习惯用状语"太"的。例如歙县话的例子：

菜咸很啰。——菜太咸了。

衣裳花很啰。——衣服太花了。

然而，徽语却习惯把动词后面的补语成分"不过"，置于宾语之后，说成"动词＋宾语＋不过"的句式。例如：

卬打佢不过。——我打不过他。

卬比佢不过。——我比不过他。

尔讲佢不过，卬也讲佢不过。——你说不过他，我也说不过他。

六、语词的特殊结构关系

皖南徽语在领属关系的结构中，数量为"一"时，物名词前既可省略数词"一"，又可省略助词"的"。但是必须连带适当的量词，构成"定语＋量词＋中心语"的结构关系。例如歙县、绩溪话的例子：

卬支钢笔不好写。——我的钢笔不好写。

小王块手表跌塌哩。——小王的手表丢了。

卬只脚痛煞。——我的脚疼得要命。

尔件衣裳是么唉布唉？——你的衣服是什么布的？

小张双鞋袜真漂亮！——小张的袜子真漂亮！

七、三种特殊的句式

"来""去"句　　皖南徽语中以"来""去"这两个动词做谓语的句子，习惯上可以直接连带方位词和处所名词，构成"主语＋来/去＋宾语"句式。例如：

尔去哪里？——你到哪里去？

印去城里。——我到城里去。

尔么唉时候来上海？——你什么时候到上海来？

尔快点来城里喳！——你快点到城里来呀！

小王去图书馆了。——小王上图书馆去了。

很明显，方言的这种"来""去"谓语句，普通话却是说成："主语＋到/上＋宾语＋去/来"的。

正反问句　　徽语里有两种不同于普通话正反问的表达方式。

第一，"谓语＋不"式，如：

徽 语 例 句	普 通 话 例 句
尔去不？	你去不去？
今朝开会不？	今天开会不开会？
尔人吃酒不？	你们喝不喝酒？
佢人去家不？	他们回家不回家？

第二，"谓语＋不曾"式，如：

徽 语 例 句	普 通 话 例 句
尔去不曾？	你去没有去？
今朝开会不曾？	今天开没有开会？
尔买着不曾？	你买着没买着？
尔吃过水鸡不曾？	你吃过没吃过青蛙？

"谓语＋不"的疑问句，要求回答的是"做不做"。"谓语＋不曾"的

疑问句，要求回答的是"做没做"。

肯定和否定句　　根据徽语中常用的两种疑问句，一般用词语回答。对"尔去不?"的回答，可以说"去"，也可以说"不去"。对"尔去不曾?"的回答，可以说"去了"，也可以说"不曾"。但是，徽语对这两种疑问句的肯定答复和否定答复，还普遍使用两种不用词语的特殊表达方式。

第一种，用 pf' 或 m^{242} 表示否定。例如：

尔去开会不?　　答：pf'（不去）。　　或答：m^{242}（不去）。

尔吃饭不曾?　　答：pf'（没吃）。　　或答：m^{242}（没吃）。

第二种，用 ts' 或 $ŋ^{32}$ 表示肯定。例如：

尔去开会不?　　答：ts'（去）。　　或答：$ŋ^{32}$（去）。

尔吃饭不曾?　　答：ts'（吃了）。　　或答：$ŋ^{32}$（吃了）。

尔看印讲的对不?　肯定答：ts'（对）或 $ŋ^{32}$（对）。

佢着哩衣裳漂亮不?　否定答：pf'（不漂亮）或 m^{242}（不漂亮）。

参考文献：

①合肥师范学院方言调查工作组：《安徽方言概况》（铅印本），1962年。

②合肥师范学院方言调查工作组：《歙县方言》（油印本），1960年。

③南京大学中文系：《休宁话记略》（油印本），1983年。

④孟庆惠：《歙县方言的AAB和BAA结构》，载《安徽师大学报》（哲学社会科学版）1981年第4期。

⑤沈同：《祁门方言的人称代词》，载《方言》1983年第4期。

〔原载《安徽师大学报》（哲学社会科学版）1995年第1期〕

合肥话的"这""那"和"什么"

"这"合肥话说成[ti⁵³]，是表示近指的代词。"那"合肥话说成[lɛ⁵³]，是表示远指的代词。这是它们的基本形式。可是，在对举使用的时候，它们都可以运用变换声调的方法，由去声53变换成阴平212，分别表示出同一概念的这₁、这₂，那₁、那₂。

合肥话"这"当它说成去声[ti⁵³]（这₁）时，表示近指A；当它说成阴平[ti²¹²]（这₂）时，表示的却是近指B。例如：

（1）这[ti⁵³]两钵子花，是这₁[ti⁵³]个好看唻，还是这₂[ti²¹²]个好看？

（2）我讲这₂[ti²¹²]钵子比这₁[ti⁵³]钵子好看。

在一段话里，先出现的多是近指A"这₁"，后出现的多是近指B"这₂"。

合肥话"那"，当它说成[lɛ⁵³]（那₁）时，表示远指A；当它说成[lɛ²¹²]（那₂）时，表示远指B。例如：

（3）那₁[lɛ⁵³]两钵子花，是那₁[lɛ⁵³]个好看，还是那₂[lɛ²¹²]个好看唻？

（4）我讲，那₂[lɛ²¹²]个比那₁[lɛ⁵³]个好看。

合肥话"这""那"各具的A、B指形式大抵适用于物体、位置、状况、方式等能够作用于视觉和触觉的东西。而对于指称时间、景象、幻想、品质等摸不着看不到的概念，这种表现方式也就无能为力了。

合肥话的疑问代词"什么"，在口语中通常也有两种读音。其一说"哄₁个"[xəŋ⁵³kɤ]，其二说"哄₂个"[xəŋ²¹²kɤ]。两种说法都可以省略"个"，换上一个表示疑问语气的"呃"，分别说成"哄₁呃"[xəŋ⁵³ŋɛ]和

"哄₂呃"[xəŋ²¹²⁻²¹ŋɐ]。两种说法，无论表义上或语法功能上都有不同。

从表义上看，"哄₁呃"[xəŋ⁵³ŋɐ]的语气比较强硬。常常带有批评、训斥、责问等口吻。例如：

（5）你讲哄₁呃[xəŋ⁵³ŋɐ]?！

（6）你瞎讲哄₁呃[xəŋ⁵³ŋɐ]！

"哄₂呃"[xəŋ²¹²⁻²¹ŋɐ]的语气比较舒缓，大都带有和善、安详，或者不以为然的意味儿。例如：

（7）你两个在讲哄₂呃[xəŋ²¹²⁻²¹ŋɐ]?

（8）我两个没讲哄₂呃[xəŋ²¹²⁻²¹ŋɐ]。

从语法功能上看，"哄₂个"[xəŋ²¹²⁻²¹kɤ]不能做定语，只能直接做宾语。"哄₁个"[xəŋ⁵³kɤ]既可做宾语，又可以做定语。例如：

（9）这[ti⁵³]是哄₂呃[xəŋ²¹²⁻²¹ŋɐ]?

（10）这[ti⁵³]是哄₁呃[xəŋ⁵³ŋɐ]?！

（11）这[ti⁵³]是哄₁呃[xəŋ⁵³ŋɐ]东西?！

［原载《中国语文》1997年第4期］

皖南铜太方言与吴语的关系

"铜太方言"是安徽境内的一种方言，铜太方言区位于皖南沿江和黄山山脉北面的丘陵地带。主要包括芜湖县、繁昌县、铜陵县、铜陵市郊区、南陵县东北部圩区、宣城县东北部金宝圩、当涂县大官圩的东南部地区、石埭县、泾县、太平县。①这个方言区南面连接徽州方言，东、北、西三面基本上被属于江淮话的"肥芜方言"包围着。

一

铜太方言的主要特征，是具有一套先清后浊的声母。它们的来源基本上是中古音的全浊声母。此外，方言区内部还有不少比较一致的特点。例如：①见系开口二等字一般读成k、k'、ŋ、x、ɦ（或h）声母；开口三、四等疑母字一般读作ȵ或n声母。②深、臻摄和曾、梗摄的阳声韵母普遍混同。③有些常用词语的说法，内部也比较一致：日头、上街、落雨、沰雨 淋雨、讲话、睏觉、伢人[ˌŋa ˌȵin]小男孩、小把戏 称儿童、郎中 称中医、落苏 茄子、处块 地方、晏咯 晚了、迟了、邋遢、今音根 朝、外后朝 大后天、赛前朝 大前朝、爹爹[ˌtia ˌtia]面称父亲，"醋"叫做米醋、白醋，或叫"忌讳"。"舌头"一般说"舌条"，牲口的也可以称"口条"或"赚头"。④"脚"的概念可以包括膝盖以下部分；"饺子"包括馄饨和水饺；"饭"可以泛指食品，也可以专

---

①原来我们划分的铜太方言区，还包括旌德在内。由于它不具备"先清后浊"的声母，这里我们把它看做是徽州方言区的一部分。

指大米饭；浓度小常说成"浇_{音消}"或"薄"，浓度大常说成"厚"或"硬"；"房"和"屋"的意思跟普通话相反，"屋"指整所，"房"指部分或者单间。⑤语助词"咯"[kə~kɛ]很常用：坐咯吃_{坐着吃}、死咯_{死了}、熟嘞咯_{熟了}、笋子老很咯_{笋子太老了}。⑥被动式的句子里，介词"被"一般说成"给"：茶杯给他打破咯_{茶杯被他打破了}、他给狗咬咯_{他被狗咬了}，等等。在这些特点中，我们把古全浊声母字今音读成"先清后浊"的一套声母，看做是铜太方言有别于安徽其他方言的重要标志。

对于铜太方言的这套"先清后浊"的声母，我们在编写《安徽方言概况》时，曾做过这样的说明："铜太方言的主要特点是跟吴语一样的，就是保持古浊塞音声母的音类。在地域上，它虽然不跟吴语直接相连，但距离不算远，可能在隔离地区的乡间存在着一条彼此相同的走廊。"这段文字，基本上表明了我们的看法。因为当时有些情况尚未弄清楚，所以对一些问题未能阐述。铜太方言属于吴语的根据是什么呢？主要是因为它具备与吴语基本相同的保存古全浊声母的语音特点。

我们知道，保留古全浊塞音、塞擦音声母的浊音特点，是吴语的基本标志。赵元任先生在《现代吴语研究》一书中，就是按照"并定群等母带音，或不带音而有带音气流的"特点给吴语下定义的。关于"不带音而有带音气流"的音值，赵先生在该书中也有一段详尽的描述。他说："吴语的浊类声纽的发音最特别。在大多数地方这些字都用一个带音的气流就是[ɦ]音。假如是个破裂音，那音的本身并不带音，换言之当它闭而未破的时候，声带并不颤动，等开的时候接着就是一个带音的[h]，就是[ɦ]，因此听起来觉得像很'浊'似的。……若是摩擦音呐，乃就起头不带音到后半再带音，或又加一点带音气流，例如表中所列的[z]音细说起来都是[sz]或是[sɦ]。……要是破裂摩擦音呐，那就在关闭的时候不带音，到摩擦的时候恐怕起初也不带音，到后半才带音，而且总是带一点[ɦ]，例如表中所列的[dẓ']，细说起来是[dẓɦ]，或是[tszɦ]。"我们根据赵元任先生这段话的意旨，知道吴语大多数地方的 b＝pɦ、d＝tɦ、g＝kɦ、dz'＝tszɦ、dẓ'＝tɕẓɦ、z＝sɦ、ẓ＝ɕɦ。

古全浊声母的字在铜太方言的读音情况，有一些跟赵先生描写的音值是很接近的。这里，我们把它们的读音情况列对照表如下：

铜太方言点 声组及例字		太平老城区	泾县	铜陵	石埭老城区	繁昌	芜湖县方村	南陵奎湖	当涂乌溪	宣城金宝圩
並	牌败	pɦ	fɦ	ɸɦ~fɦ	fh	ɸɦ~fɦ	fɦ	fh	fɦ	fɦ
定	铜稻	tɦ	ɾɦ	ɾɦ	ɾ̥ɦ	ɽɦ	ɽɦ	ɾ̥h	ɽɦ	ɾɦ
群	葵共	kɦ	fɦ/ɦ~k	ɦ	fh/h	ɦ	ɦ	fh/h	ɦ/ɦ~k	ɦ~fɦ/ɦ~k
	穷近	kɦ/ɕɦ	ɕɦ	ɕɦ	ɕh	ɕɦ	ɕɦ	ɕh	ɕɦ	ɕɦ
从	财坐	sɦ	sɦ	sɦ	sh	sɦ	sɦ	sh	sɦ	sɦ
	墙匠	ɕɦ	ɕɦ/ɕɦ~Ø	ɕɦ	ɕh	ɕɦ	ɕɦ	ɕh	ɕɦ/ɕɦ~Ø	ɕɦ
澄	茶丈	sɦ/ɕɦ	sɦ	sɦ	sɦ/ɕh	ʂɦ	ʂɦ/ɕɦ	ʂh	ʂɦ	ʂɦ
崇	床闸	sɦ	sɦ	sɦ	sɦ	ʂɦ	ʂɦ	ʂh	ʂɦ	sɦ
船	船舌	sɦ	sɦ	sɦ	sɦ/ ɾ̥ɦ	ʂɦ	ʂɦ	ʂh	ʂɦ	sɦ
奉	肥饭	v	v	fɦ	fh/v	ɸɦ~fɦ	fɦ	fh/v	fɦ/fɦ~v	fɦ
邪	祠寺	sɦ	sɦ	sɦ	sh	sɦ	sɦ	sh	sɦ	sɦ
	祥袖	ɕɦ	ɕɦ	ɕɦ	ɕh	ɕɦ	ɕɦ	ɕh	ɕɦ	ɕɦ
禅	常上	sɦ	sɦ	sɦ	ɕh	ʂɦ	ʂɦ	ʂh	ʂɦ	sɦ
匣	鞋厚	ɦ	ɦ	ɦ	h	ɦ	ɦ	h	ɦ	ɦ
	形学	ɕɦ/ɦ	ɕɦ	ɕɦ	ɕh	ɕɦ	ɕɦ/ʂɦ	ɕh	ɕɦ	ɕɦ/sɦ

从上表里，我们可以看出“並定群”和“从澄床船”等母的字，在铜太方言里是以不同的情况保存着古全浊声母的音值特点的。就古全浊塞音声母来看，大致可分为三类：第一，读成清塞音后有带音气流的浊音pɦ、tɦ、kɦ，例如太平县老城话。第二，读成清擦音后有带音气流的浊音ɸɦ或fɦ、ɾɦ、ɦ或ɕɦ，例如铜陵、繁昌、泾县、芜湖县方村话。第三，读成清擦音后带强气流h音的fh、ɾ̥h或ɽh、h和ɕh，例如石埭老城话、芜湖县石硊话、南陵奎湖话。就古全浊塞擦音声母看，也可以分为两类：第一，读成清塞音后有带音气流的浊音sɦ、ʂɦ、ɕɦ，例如太平老城、泾县、铜陵、

繁昌、芜湖县方村话。第二，读成清擦音带有强气流的清音 sh、ʂh、çh，例如石埭老城话、南陵奎湖话、芜湖县石硊话。

古塞音声母的第三类和古塞擦音声母的第二类，它们的音值虽然既不带音，也没有带音的气流，但是清音带强气流的 h 还是可以跟古清音的帮旁、端透、见溪、精清、知彻、庄初、章昌等声母有分别。例如石埭老城话败[fɦɛ˞]≠拜[pɛ˞]、派[pʻɛ˞]，盗[ɻɦɔ˞]≠到[tɔ˞]、套[tʻɔ˞]，柜[fɦəi˞]≠贵[kuəi˞]、愧[kʻuəi˞]，具[çhy˞]≠句[thy˞]、去[tçʻy˞]，在[ˇshɛ]≠宰[ˇtsɛ]、彩[ˇtsʻɛ]，阵[shən˞]≠镇[tsən˞]、趁[tsʻən˞]，等等。

鉴于铜太方言多数地方能够以有带音气流的浊音保存古全浊声母的发音特点，少数地方以带有强气流的 h 作为古全浊声母字音特征，因此我们把铜太方言看做吴语的次方言。

二

铜太方言既然是吴语的一个次方言，那么它们之间有什么历史和地理的关系呢？

春秋战国时代，皖南和沿江一带，先属吴后属越，再后属楚。铜太方言区和吴语的一部分地区，秦代为九江郡，汉代为丹阳郡，三国又同属吴国的丹阳郡。

此外，我们从古人的音韵、训诂著作中，也可以看出铜太方言和吴语本来就是一体的。例如，晋人郭璞在注《尔雅》《方言》时，就把"江东"作为一个统一的语言区看待。诸如"今江东人呼～"、"江东通呼～"、"今江东音～"等说法，竟多达一百七十余次。再如，隋人陆法言在《切韵》自序中，对当时汉语方言的语音状况也有这样的概述："吴楚则时伤轻浅，燕赵则多伤重浊，秦陇则去声为入，梁益则平声似去。……"这里的"吴楚"，指的就是包括铜太方言在内的江南一带的方言。

综上所述，我们认为今铜太方言跟吴语相同或相近的一些语音特点，有历史地理背景。

今天，铜太方言与吴语之间已被当涂、宣城、郎溪、广德、宁国等县的官话方言隔开。与吴语区的溧水、高淳、宜兴、长兴、吴兴等县相望。最近，我们到宣城、当涂的圩区调查时，所得资料证明，在铜太方言和吴语之间，的确还有一条彼此相同的走廊。这条"走廊"处于宣城东北乡（金宝圩）以及当涂县大官圩的东南部，跟高淳县西南乡相连。

历史告诉我们，造成铜太方言与吴语隔离的原因主要有以下两点：

第一，晋代永嘉之乱以后，当时我国北方人民争相南逃避乱，造成人口大量南流。为了安置这些南来的北方流民，东晋和南朝的统治者在淮南和皖南傍江地区陆续设置了侨州侨郡和侨县。史书记载，东晋成帝时，"苏峻、祖约为乱于江淮，胡寇又大至，百姓南渡者转多，乃于江南侨立淮南侨郡及诸县。"这种北人南流的情况，一直持续到南朝的宋齐时代。先后置于皖南沿江一带的侨郡侨县有：襄城郡的繁昌县、淮南郡的当涂县、京兆郡的南陵县、并州上党郡的襄垣、上党等县、豫州襄城郡的定陵县、扬州的逡遒县、兖州的高平县、徐州的下邳县、淮泗之交的角城县等。来自这些地方的侨民，分别变成今天的芜湖市、芜湖县、当涂、繁昌、南陵等地的人。他们先辈带来的北方话，必然会给这些地方的语言造成影响。

第二，处于吴语和铜太方言之间的几个县的语言，所以有别于两边的方言，主要是由于近代历史上的移民造成的。据史料记载，太平军与清军在宣城、广德、郎溪、宁国、青阳、南陵等地进行过多次战争。尤其是宣、郎、广、宁国等县处于芜杭、杭徽交通干道上，战事更加频繁。在战祸之中又遭遇瘟疫，致使人口伤亡甚重，所剩土著居民为数已不多了。随后湖北、湖南、河南、皖中等地的人或逃避灾荒、或躲避战祸、或缺少土地，纷纷来到这里定居。据《宁国县志》民国二十五年六月续修载："咸丰八年正月二十日太平天国军李世贤率兵入宁国，城破知县吴世昌死之。""同治元年乱定，五月宁国瘟疫流行全境，死亡枕藉，无人掩埋。"在这段文字下面还有这样的说明："见程子山劫后余生录，据乡老言，宁民死于锋镝者十之三，死于瘟疫者十之七，散于四方未归者不及十分之一。至今土著少，客籍多，足以征之。"据该县志大事记载："该县兵燹后，土著稀少，田地荒芜。自同治五六年以来，两湖、河南以及皖北等处客民携带家口前来就垦者，人数众多。"另外，据《广德县志稿》民国三十七年载："州民被咸同兵燹后，土著不及十分之一，招客民开垦入籍，湖北人居其四，河南人居其三，江北人居其一，浙江人居其一，他省及土著共得其一"。在这段文字的后面也有这样的补充说明："按近十余年来，河南人居其六，湖北人居其二，江北人居其一，他省及土著共得其一。"在这段文字的后面也有这样的补充说明："按近十余年来，河南人居其六，湖北人居其二，江北人居其一，他省及土著共得其一。"因此，这片地方就形成以鄂北话、河南话、皖中话为主的混杂方言区。但是，在这片混杂方言区的宣城和当涂相连的乡间，还留着一个与县城话截然不同的吴语走廊，起着连接吴语和铜太方言的作用。

下面，我们再简要地介绍《音韵正讹》铸记书局石印一书所反映的语音特点。从而说明居于铜太方言和吴语要冲地位的宣城话，在明末还是属于吴语的。

《音韵正讹》卷首注明，作者是宣城人孙庭灿辑、吴道生订。另外，我们从该书作序的时候，知道它著于明崇祯甲申年间。由于《音韵正讹》是"调声索韵思则得之"的"方音韵书"①，所以我们从它的韵部分类反映出来的语音面貌可以看出，有的与现在的宣城城区话还很相近，有些虽然已与现在的宣城话不同，但是仍然与现在的铜太方言相同。这里，我们把该韵书所反映的与现代铜太方言语音相同之点简述如下：

（1）五个声调：阴平（天高三）、阳平（田林人）、上声（古草老）、去声（是坐课事）、入声（八铁局）。这一点和今天的芜湖县、繁昌、铜陵县话相同，也与今天的宣城话相同。

---

①罗常培先生在《汉语方音研究小史》一文中，把此书和其他地方韵书都列为"不登大雅之堂"的"流行于民间的方音韵书"。他还指出："这种书本来为一般人就音识字用的，它们辨别声韵固然不见得精确，而大体总是以当地乡音为准；这实在是我们调查方言最好的间接材料。"（《罗常培语言学论文选集》，中华书局1963年版，第152页。）

（2）资≠知、芝，草≠炒，三≠山，桑≠商。这几组字每组不同音，说明精组声母与知、庄、章组声母还是分的。这个特点与现在芜湖县方村话、繁昌话、宣城城区话基本相同。

（3）步≠布、铺店~，第≠帝、替，柜≠贵、愧，住≠注、处~所，皂≠灶、糙~米。这五组字每组为同调同韵部，但是不同声母，这说明当时的宣城话把古帮滂并等全清、次清、全浊声母的字还是三分的。这一点与铜太方言完全相同。

（4）住＝树，件＝县，神＝陈。这三组字每组同音，说明当时的宣城话澄母与船母、禅母混同，群母和匣母混同。这一点也与今天的铜太方言一致。

（5）柔＝绸，日＝直，任~务＝阵、椹（葚）、甚，让＝丈、上。这四组字每组同音，说明当时的宣城话日母与澄母、禅母不分。这一点与今天的铜陵话基本相同。

（6）肥＝回、微、维，饭＝万，会开~＝畏、位。这三组字音每组同音，说明当时宣城话把古奉、匣母合口字与微、影、喻母合口字混读。这一点与今天的泾县话、太平老城话基本相同。

（7）搬≠班，官≠关，颤≠站~立，扇~字≠疝。这四组字每组不同音，这一点与今天的宣城话，以及铜太方言各点的情况也相同。

（8）"扇""善""射""赦"为同韵部的字，这种情况在今天的宣城话、芜湖县方村话和繁昌话里还有反映。

（9）班≠帮，掀≠乡，关≠光。这三组字不同音，说明当时的宣城话咸、山摄阳声韵与宕、江摄阳声韵不混同。这跟今天的宣城话，以及泾县话、太平老城话一样。

（10）陈＝程，林＝邻＝陵＝零。这两组字每组同音，说明当时的宣城话深、臻摄阳声韵与曾、梗摄阳声韵混同。这种情况跟今天的宣城话相同，跟整个铜太方言也一样。

《音韵正讹》反映的这些特点，正说明了明末的宣城话与今天的铜太方言的语音基本一致。今天的宣城城区话消失了全浊声母的发音特点，与铜太方言有了较大的差别，这主要是由于近代历史的移民造成的。

三

铜太方言脱离了吴语本体以后，在新的情况下发展演变，出现了一些不同于吴语本体的变异。就铜太方言目前的面貌看，它正值新质因子逐渐增强，吴语本体的旧质特征正在消退的过渡阶段。因此，我们认为铜太方言是吴语发展演变史上处于末期阶段典型的模特儿。

铜太方言在新的条件下出现了哪些变异，这些变异又有什么特点呢？

一、铜太方言围绕着[ɦ]这个起主导作用的区别性要素，走出了一条吴语全浊塞音、塞擦音声母的演变轨迹。

我们知道，吴语的基本特征是能够分辨塞音、塞擦音的全浊、全清和次清的声母。由于北部吴语全浊塞音、塞擦音声母，发音时一般是在清辅音后面紧附强音流的喉擦音[ɦ]构成的，所以我们认为这个强音流的喉擦音[ɦ]，便是吴语基本特征的区别性要素。铜太方言全浊声母的变化，正是围绕着这个具有区别特征的要素进行的。这里，我们把能够反映铜太方言发展阶段的三派方言，列音值对照表如下：

	早期 （太平老城话）	中期 （铜陵县话）	晚期 （石埭老城话）
稗	pɦ	ɸɦ~fɦ	fʱ
稻	tɦ	rɦ	r̥ʱ
葵	kɦ	ɦ	fʱ
穷	kɦ	çɦ	çʱ
坐	sɦ	sɦ	sʱ
住	sɦ	sɦ	sʱ
旧	çɦ	çɦ	çʱ

我们可以看出，古全浊塞音、塞擦音声母在铜太方言具有这样的蜕变特点：

第一，塞音弱化。每一个全浊声母开头的阻塞部分逐渐弱化，由原来的紧辅音蜕变成松辅音，由塞音、塞擦音蜕变成擦音。我们从表中可以看出，塞擦音声母的阻塞部分弱化得最快，塞音声母又以群母字的阻塞部分弱化得最快。在嬗变过程中，相对地说[ɦ]的稳定性是比较强的。弱化塞音部分，强化[ɦ]，这正是主要矛盾方面起支配作用的结果。

第二，浊音清化。这种清化是在前一种情况的前提下出现的。它的特点是在开头的清擦音后面紧紧附着一个强气流的喉擦音[h]。这种声母出现的条件是，受外来方言影响较大的地方和青年人的语言里。在这些地方和在这些青年人的语言里，这种带有强气流[h]声母也像带有强音流的[ɦ]声母一样，可以起区别意义的作用。这种变化既符合浊音变清的总趋势，又可以相对地保持了[ɦ]的稳定性，继续发挥它的区别性特征的作用。

可是，这两种蜕变的结果，却造成了浊塞音、浊塞擦音的混同现象，使方言中出现了很多同音字。例如铜陵话"並、奉"相混：[ɸɦ～fɦ]步＝父、朋＝逢；"群、匣"相同：[ɦ]葵＝回、柜＝会开～，[çɦ]勤＝形、近＝幸；"从、邪"相混：[sɦ]字＝寺，[çɦ]匠＝象；"澄、崇、禅"相混：[sɦ]肠＝床＝常、丈＝上。

二、铜太方言内部差异很大。主要表现有以下几点：

第一，太平老城、繁昌、泾县、芜湖县石硊话泥、来母不分。n＝l：农＝龙、泥＝犁、怒＝路、女＝吕。

第二，古知组、庄组和章组声母的字，在繁昌、芜湖县方村话一般读成tʂ组声母，在太平老城话和石埭老城话里有的读ts组声母，有的读tç组声母。在泾县、芜湖县石硊话里读ts组声母。

第三，太平老城、泾县、石埭老城f和xu不分：夫＝呼、飞＝灰、方＝荒。同时，匣母合口洪音字读v声母或合口零声母。例如：黄＝王、会开～＝卫、滑＝挖。

第四，咸、山、宕、江等摄的阳声韵一般读成鼻化韵母。唯有泾县话把宕、江摄阳声韵和一部分山摄阳声韵读成阴声韵母。另外，芜湖县石硊镇、繁昌、铜陵话还有咸、山摄的部分阳声韵字和宕、江摄阳声韵的字不分的现象。例如：班＝帮、三＝桑、关＝光。

第五，通摄舒声字一般都收 ŋ 尾，但是铜陵话却读成 m 尾。例如：孟[mom²]、铜[꜀ɾɦiom]、穷[꜀ɕɦiom]、用[iom²]。

第六，调类多少不等，有四个的（泾县、石埭老城）、有五个的（繁昌、芜湖县石硊镇、铜陵）、有六个的（太平老城）。四个调的是平声分阴阳，有上、去，没有入声。五个调的是除平分阴阳之外，还有上、去、入声。六个调是平、上分阴阳，还有去、入声。

那么，铜太方言内部为什么会有这么大的差异呢？我们认为，历史上北方人两次大批南流而形成的方言现象，以及它们被徽州方言、江淮方言包围的现状，都是构成铜太方言内部出现差异的外在条件。具体地说有以下三点：

第一，受到相邻的外围方言的影响。相邻县份的人互相交往比较频繁，在交往的过程中，不同特点的方言必然会互相影响，出现一些相近或者相同的语音现象。太平老城话、石埭老城话，以及泾县话把蟹摄开口二等韵的字读成 ɑ 韵母（拜派买斋柴筛街揩鞋矮），合口洪音韵的匣母字读成 v 或者零声母（黄坏会换话活），这些特点就与相邻的徽州话相同。铜陵话把遇合三鱼、虞韵知、章组声母的字读成 y 韵母（猪褚箸煮处蛛厨主输树），这一点就与邻近的安庆话相同。芜湖县石硊镇、繁昌话、铜陵话中部分咸、山摄阳声韵母的字与宕、江摄阳声韵母的字混同（班＝帮、山＝商、关＝光）的情况，跟芜湖市话、安庆话也相同。此外，芜湖县方村话、繁昌话有 tʂ 组声母的情况跟芜湖市老城话、宣城话也相同。

第二，在不同条件的作用下，相同方言区的语音，发展演变的快慢也不同，因而也出现了一些差异。铜陵话还保存着通摄舒声字收 m 尾的读音。古全浊塞擦音声母的字，在太平老城话里保存浊音的程度比其他各点都完整得多。同样，太平老城话把部分见溪群声母的细音字，今天仍读成舌根音声母（基[꜀ki]、今军[꜀kin]、溪[꜀k'i]、巧[꜀k'iæ]、钳[꜀kɦiæ̃]、群勤[꜀kɦiŋ]、穷[꜀kɦioŋ]），这说明太平老城话还残留着古见系声母在一部分三等韵前仍读牙喉音的特点。此外，保存入声调类并且收喉塞音[ʔ]尾的繁昌话和芜湖县石硊话，比入声字已派入阴平、上声的泾县话保存古声调的特点要多一些。

第三，不同语音体系的方言交错并存，他们之间既有排斥又有吸收。这是造成铜太方言内部差异大的一条比较特殊的原因。铜太方言区每个县的方言都不是一体的。尤其是芜湖、南陵、宣城等县的方言面貌更为复杂。往往是甲地和乙地不同，乙地又和丙地不同。从南陵县的现状来看，西南乡多半是操湖南话和桐城话的居民，东乡操巢县话、无为话的江北人占很大比例，城内以江北人较多，也有不少湖南人。土著的南陵人比较多地集中在东北乡的圩区。这些语音体系不同的的方言，各据一方，由于语言势力比较平衡，所以能够比较长时期的交错并存。这显然与历史上先后两次的北人南流有关。比如今天繁昌县的新港，原为晋时襄城郡繁昌县迁于此地的旧县址。今天这里的话就与繁昌城里的话有较大的差别。新港话就没有这套来自古全浊声母字的先清后浊声母。今天的当涂县在晋至宋齐时，先后有淮南郡当涂人、兖州高平县人、徐州下邳县人，以及淮泗之交的角城县人迁于此境，所以今天当涂县大部分地方的话跟铜太方言的差别较大。目前看来，尤以近代史上的北人南流的痕迹最为明显。他们对铜太方言的冲击也最大。这些来自两湖、河南和皖中的人，他们共处的时间虽然已有百年左右，但人民基本上仍能各操方言。他们为了便于交流思想，各自也改掉了一些最土俗、最难懂的成分，相互吸收一些词语，但大体上没有改变原来的语音体系。

铜太方言在内因和外因的作用下，同音字增多了，内部的差异增大了，这显然会削弱语言的交际功能。铜太方言又是怎么样解决这些矛盾的呢？五十年代我们在这里进行方言调查时，就发现这样的情况，当询问发音合作人能否说别种话的时候，回答往往是"能说一般的普通话"。深谈之后，我们就会明白，所谓的"一般的普通话"实际上就是近似芜湖市内通行的那种话。当时有些学校用于教学的"普通话"也是这种话。原籍的南陵人不达城区人口的三分之一，但是南陵城里人说的是这种话。原籍的宣城人约占城区人口的三分之一，可是宣城城区人说的也是这种话。事实告诉我们，这种近似芜湖市新市区的"普通话"，已经在铜太方言区的各个城镇里通行，它基本上成为多数人的通用语言了。

铜太方言为什么会出现这种"通用语"呢？了解了铜太方言内部差异大、各种方言交错并存的情况之后，我们就会明白，面貌复杂的铜太方言非常需要有一种为他们比较容易接受的语言，作为人们共同使用的通用语。这样，语音体系（除了那套先清后浊的声母之外）与铜太方言中大部分城镇话的语音体系比较接近的芜湖市新市区的话，便成了受欢迎的对象了。加之芜湖市自近代以来地位日益重要，它在政治、经济、文化诸方面对皖南各地都起着很大的作用。随着芜湖市与铜太方言区各地的频繁交往，这种原来只流行于芜湖市内的话，也被带到了铜太方言区，并且逐渐取得了铜太方言区的"通用语"的地位。

事实告诉我们，铜太方言发展的总趋势是，从吴语本体带来的，至今仍作为铜太方言重要标志的"先清后浊"声母，恐怕蜕变到带有强气流的h声母就要停止了。今后它将仍循着以芜湖市新市区话为代表的"通用语"迅速向江淮官话靠拢，继而向汉民族共同语发展。

［原载《吴语论丛》（复旦大学中国语言文学研究所吴语研究室编），上海教育出版社1988年9月版］

铜陵方言的地位和意义

一

我们认为铜陵方言是属于吴语中的皖南铜太次方言区的一个地点方言。"铜太方言"是摘取铜陵、太平两个地名的第一个字定名的。它主要包括铜陵、繁昌、石埭、泾县、太平等市县的方言，以及南陵、芜湖县、宣城、当涂等县的圩区方言。

为什么说铜陵方言是属于吴语的呢？我们的根据主要有以下三点：第一，在语音上它与吴语有着相同的区别特征。也就是仍保存着古全浊声母的浊音读法（指老年人），或保存着单独的分类（指青年人）。例如：败≠拜、派，步≠布、铺（店~）；代≠戴、态，地≠帝、替；跪≠贵、愧，共≠贡、控；在≠再、菜，疾≠集、七；丈≠帐、畅，住≠注、处（~所）；件≠建、欠，局≠菊、曲；会（不~）≠晦，辖≠瞎。不等号前后的字声母不同，前字声母仍保存着浊音的特征。第二，与吴语有着一些相同的基本词汇。这里仅举数例：日头（太阳）、日里（白天）、落雨（下雨）、落雪（下雪）、沰雨（淋雨）、雪烊了格（雪化了）、今朝、明朝、后朝、昨日、前日、小人（小孩儿）、顺手（右手）、落苏（茄子）、面（面条）、饮汤（米汤）、滚水（开水）、畚箕（扫地倒垃圾用具）、雁鹅（雁）、睏觉（睡觉）、晓得（知道）、囥（收藏）、敁（打开）、邋遢（脏）、扎实（牢固）、晏（迟、晚），等等。第三，有着与吴语相似的常用助词"格"。例如：死格了、掼倒格了、坐格（着）吃、站格（着）吃、吃格（了）饭了、讲格（了）一遍、怎搞格（的）、跑够格了、老格了、雪烊格了。

关于铜太方言属于吴语的问题，我曾撰拙文在复旦大学主办的第一届吴语学术讨论会上宣读过，并得到了承认。①这样皖南铜太方言继江浙次方言和浙南次方言之后，成了吴语的第三个次方言。铜陵方言则是铜太次方言中的一个重要的地点方言。

二

我们从汉语史和语言学两个方面来谈，研究铜陵方言的意义。

首先，谈谈研究铜陵方言对于汉语史的重大意义。我们知道，整理汉民族的语言发展史，光靠历史上不同时代的文献资料是不行的。何况这些文献资料都是用不表音的汉字记载、是用长期停滞的"文言"形式记录的。靠这些书面资料是不能很好地反映出汉语在不同历史时期的动态的。怎么办呢？王力先生说："现代活生生的口语就是汉语史的最好的根据。现代汉语的方言是复杂的；正是由于方言的复杂，更有足够的语言事实来证明汉语发展的过程。"②复杂的汉语方言实在是汉语史料的宝库。各个方言虽然都会因时因地的不同而发生变化，但是由于各地的条件不同，所以各个方言的演化进程和演变方向也有所不同。变得慢的就会保存较多的古代汉语的成分。调查方言，研究保存在不同方言中的反映汉语发展史上不同层次的语言材料，对于汉语史的研究和建设当然是很重要的。

那么为什么说调查研究铜陵方言对于汉语史有着特别重大的意义呢？我们的看法是有以下根据的。

第一，通过对铜陵方言的研究，有助于探明古代"吴楚方言"的面貌和它们的亲缘关系。我们从古人音韵、训诂著作中可以看出，他们把历史

①拙文的题目是《皖南铜太方言与吴语的亲缘关系》，已收入《吴语论丛》。此书由复旦大学中国语言文学研究室吴语研究室编，上海教育出版社1988年9月版。

②王力：《汉语史稿》（上册），中华书局1980年版，第20页。

上吴、楚两地的方言是看作特点相近的同一方言区的。例如晋代人郭璞在注《尔雅》和《方言》时，就是把长江中下游的南侧称作"江东"，并把它们作为一个统一的语言区看待的。在他的注释诸如"今江东人呼～""江东通呼～""今江东音～"等提法，竟多达一百七十余次①。再如隋朝人陆法言在他的《切韵》自序中，也是把"吴楚"相并提出的。他说："吴楚时伤轻浅，燕赵则多伤重浊，秦陇则去声为入，梁益则平声似去。"可是今天吴楚两地的方言已经有了很大的差距。古代楚地的方言在现代汉语方言里大部分属西南次方言，有一部分属江淮次方言，有一部分属华北次方言。古代的吴语除了一部分成为今天的江淮次方言之外，大部分仍是吴语。摸清古代吴楚方言的面貌，探明它们之间的亲缘关系，理出它们出现差异的演变轨迹，以及探讨它们演变的内因和外因等等，都是很有意义的重大课题。怎样才能解开这些问题的谜呢？探索这些问题的入口处又在哪里呢？我们认为铜陵方言（以及整个铜太方言）就是打开这些问题大门的钥匙。为什么这样说呢？历史告诉我们，今天的铜太方言区和皖南沿江一带，春秋战国时先属吴国，后属越国，再后属楚国。秦代属九江郡，汉代属丹阳郡，三国又属吴国的丹阳郡。深入研究地处吴楚之间的铜太方言（包括铜陵方言），毫无疑问会为我们解决这些重大的汉语史问题提供非常有价值的信息。

第二，通过对铜陵方言的研究，有助于探测出古代北方移民带来的语言沉积物。我们知道，晋代永嘉之乱以后，当时我国北方人民争相南逃避乱，造成了人口大量南流。为了安置这些北方流民，东晋和南朝的统治者在皖南沿江地区陆续设置了很多由北方迁来的侨州、侨郡和侨县。今天的铜太方言区域里当时留居了很多北方侨民。这些侨民大多是北方的淮南郡、上党郡、襄城郡，以及徐州、兖州等地的人。他们带来的当时的北方话都是什么样儿的？在现代铜太方言中有哪些成分是当时北方语言的沉积物？深入调查研究铜陵方言以及整个铜太方言，肯定会有助于探明这些汉

①这个统计数字，引自鲍明炜先生《南京方言史话》（油印稿）。

语史的重大问题。

我们仅从铜陵方言已经反映出来的一些语音、词汇现象，也可以说明在它的宝库中的确蕴藏着非常丰富的有价值、有意义的语言化石。例如：它的一整套先清后浊的擦音声母，也像其他吴语一样证明了古汉语的浊音系统。它的[fh]声母变体[φh]，也可以证明古代无轻唇、重唇之分的论点是正确的。铜陵方言的-m尾字，大多来自中古"东""冬"韵母。中古的韵书告诉我们深摄"侵"韵字和咸摄"覃、谈、咸、衔、盐、严、添、凡"韵字才是读-m尾的，通摄"东、冬"韵的字本是收-ŋ尾的。那么铜陵方言的"东、冬"韵字为什么会读-m尾呢？这就是一个很值得深究的问题。我们从《诗经》中可以看到当时就有"东""侵"两类韵字相押的现象。例如：

秦风小戎："骐骝是中，骊骊是骖。"
豳风七月："二之日凿冰冲冲，三之日纳于凌阴。"
大雅荡："天生丞民，甚命匪谌；靡不有初，鲜克有终。"

上例中"中、冲、终"是"东"韵字，"骖、阴、谌"是"侵"韵字。这些"东""侵"韵的字在《诗经》时代可以相押，正说明"东"韵字当时可能也是读-m尾的。今天铜陵方言仍将这类字读作-m尾，它会不会就是上古-m尾韵的存留？如果是这样的话，不正好说明了上古"东""侵"都是收-m尾的吗？

再如，铜陵方言中的一些词，也都是从古代汉语承继下来的。在古代韵书和训诂著作里就能找到它们的来源。

火箸（火筷子）——《广韵》："箸，迟倨切。"《正韵》："箸，治据切，音宁，匙箸饭具。"《史记·十二诸侯年表》："纣为象箸，而箕子唏。"

雀子窠（鸟窝）——《广韵》："窠，苦禾切。"白居易《问鹤》诗："鸟鸢争食雀争窠。"

屌底（底下）——《集韵》："屌，都木切，（引《博雅》）臀也。"

嗇——《集韵》："嗇，杀测切，音色"。《玉篇》："爱也悭贪也。"《战国策·韩策一》："仲嗇于财"。

笡（斜）——《广韵》："笡，迁谢切，斜逆也。"

浇（稀）——《说文》："浇，渍也一曰薄。"薄即稀薄。《庄子·胠箧》："鲁酒薄而邯郸围。"《三国志·魏书·臧洪传》："使作薄粥，众分歠之。"

莳秧——《广韵》："莳，市之切。"扬子《方言》："更（通耕）也。"《康熙字典》注："更种也。"

木柿（木匠砍下的木片）——《广韵》："柿，芳肺切，斫木札也。"

晏（晚、迟）——《唐韵》："晏，乌涧切。"又《玉篇》："晏，晚也。"《墨子·尚贤中》："蚤（通早）朝晏退。"

敲（打开）——《集韵》："敲，他口切。展也。"

仅此数例已能说明铜陵方言的确蕴藏着丰富的古汉语的资料。

其次，再谈研究铜陵方言对于丰富和发展普通语言学理论的重大意义。

第一，铜陵方言的一整套先清后浊辅音，为普通语言学提供了一批罕见的音素和音类。ɓ、rʩ、sʩ、ɕʩ、xʩ，以及繁昌话的ʂh等辅音都是罕见的音素。它们都是由两个不同的部位阻碍构成的，它们的发音方法大都是擦音。从带音的情况看又都是先清后浊的。国际音标的辅音表中既没有列出这些辅音，又没有先清后浊的音类。同时我们还发现这一套声母的字在不少中青年人的口语里，已转化为送气擦音：f'、r'、s'、ɕ'、x'，以及繁昌话、芜湖县话里的ʂ'。这一套送气擦音的出现又给普通语音学家提出了新的课题。因为它打破了传统的所谓擦音无送气、不送气之分的看法。例如下面这些字在铜陵青年人的语言里就是以送气与否区别意义的：贩≠犯、胜≠盛（~大）、泄≠谢、讳≠会（不~）。不等号前的字读不送气清擦音声母，后面的字读送气清擦音声母。

第二，铜陵方言的这套先清后浊的双部位擦音声母的出现，为探讨吴语浊音声系发展演变的方向，提供了新鲜的例证。我们知道，普通话和许多汉语方言已把古代全浊声母读成清音声母。它们的清音化过程大多是将古全浊塞擦、塞擦音变为送气的或不送气的清塞音、塞擦音，将古全浊擦音变为清擦音。现代江浙吴语还比较完整地保存着浊音声母系统。可是在浊音清化的总规律的制约下，它们将是如何完成这一演化过程呢？铜陵方言以及铜太方言区的其他地点方言是吴语清化的先驱。它们为现代吴语浊音的发展变化画出了一条新颖的轨迹：清化与弱化同步进行。清化的过程是：第一步将浊音演变为前清后浊音，第二步将前清后浊音再变为送气清擦音。弱化的过程是：第一步将塞音、塞擦音、擦音都变为带有喉部摩擦作用的双部位擦音，第二步将双部位的擦音再变为送气的单部位擦音。

第三，铜陵方言在与一些体系不同的亲属方言共处中，必然会出现一些新的语言现象。这些现象将为方言融合的理论提供生动的例证。根据史料记载，太平军与清军（湘军）在皖南和沿江一带进行过多次战争。由于战乱以及战后出现了瘟疫，使这一带人口伤亡很多。在一定时期里出现了人少地多的情况。随后就由湖北（英山、麻城等鄂东北地区）、河南、皖中（无为、桐城、安庆等地）来的移民，以及湘军的残部（大多是湖南人）都成了这些地区的客民。这些外地客民大多是同一来源的人集中聚居，这样就形成了一个不同的方言土语群体。在近百年来的互相交往和融合中，他们第三代后生的话已有了较大的变化。但仍与当地土著群众的话存在差异。如果在这个时期对他们的祖孙三代人的语言进行比较研究，就可以发现很有价值的演变规律。再将这些现象与当地土著居民的语言进行比较，就可以发现不同体系的方言在互相融合中所出现的极为宝贵的方言融合规律。这些对于语言融合的理论无疑是非常宝贵的。

事实说明，调查研究铜陵方言既有与其他方言相同的意义，又有着独具特色的重大意义。每一个愿意做艰苦调查研究工作的方言工作者，都可以从中获得宝贵的资料，发现新的语言问题。法国语言学家巴尔丹瑞说："在语言学家中，方言学家是'得天独厚者'，因为他们每天都能接触到丰富的物质生活、感情生活和精神生活方面的材料。语言材料是如此之丰富，以致计算机在它面前也为之逊色。假如方言学家对目前沉睡在他们身边的财富能稍微敏感一点，并在理论方面有所总结，他们甚至可以使普通语言学的专家们相形见绌。"①我们认为，铜陵方言也跟铜陵的铜矿一样，是一个极为珍贵的矿藏，亟待大家去开采。②

［原载《铜陵社会科学》1986年第1期］

---

①［罗］瓦莱里·吕祖：《谈谈方言学家的地位》，任有谅译，载《语言学动态》1978年第3期。

②我们借了李荣先生（中国社会科学院语言研究所所长）为《山西方言志丛书》写的序言中一段话的意思。他说："对研究语言的人来说，山西的方言跟山西的煤炭一样，是无穷无尽的宝藏，亟待开发。"

芜湖方言的地位和特点

芜湖话在汉语中属于江淮方言。它在安徽方言中属于"肥芜方言区"。

一、芜湖方言的地位

芜湖话是一个很重要的地点方言。它的重要性主要表现在两个方面。

第一,芜湖话在皖南有很强的语言势力。长期以来,芜湖话在皖南各地一直处于社会通用语的地位。笔者在五十年代后期,对皖南各县进行方言普查时,发现通行于这些方言复杂地区的社会交际用语,大体上就是"芜湖话"。在沿江城镇,如青阳、铜陵、繁昌、马鞍山、当涂,以及皖南的南陵、宣城、广德、郎溪等市县居民的日常用语,基本上也是"芜湖话"。

"芜湖话"为什么有这么大的语言势力呢?事实告诉我们,这与芜湖在近现代历史上的政治、经济、文化所具有的重要地位是分不开的。在政治上,辛亥革命之后,芜湖就是甲等县,是芜湖道的府治所在地。解放后芜湖立市,皖南行署也设在这里。在经济上,芜湖一直是皖南人口最多的城市。它位于长江东南岸,是安徽中部和南部水上、公路和铁路交通的枢纽。它是皖南各县农产品的集散地,并享有全国"四大米市"之一的称号。芜湖的工业历史也很悠久。钢铁冶炼业历经宋、元、明、清七百多年从未间断。电业、机器碾米和机制面粉,工业以及轻纺工业等,也居于全省乃至全国最早行列。芜湖的剪刀、浆染等更是历史悠久,闻名全国。已有五百年历史的"十里长街"可谓是芜湖商业繁荣的明显标志。此外，芜湖的文化教育事业在历史上也较我省其他地方发达。早期有县学，后有学堂、书院，公学。解放前的芜湖，已是小学、中学、师范、农校、商校、大学等各类学校齐全的城市了。芜湖也是我省早期宣传进步思想和进行革命活动的最活跃的地方。

作为进行政治、经济、文化等一切社会活动的最重要交际工具的芜湖话，在长时期的频繁的社会交往中，也取得了一个地区之内的社会通用语的地位。

第二，芜湖方言对于语言理论和汉语史的研究也具有很重要的地位。芜湖地处长江中下游之交，大江由此转向北流。在这段南北向的以东地方，古代泛称"江东"。春秋时期，由于吴、楚两国相互接触在江淮和沿江地带，所以芜湖及附近地域又称为"吴头楚尾"之地。根据古代音韵、训诂著述家们的观点，"江东"是一个统一的方言区。"吴""楚"也是特点相同或相近的方言区。可是，今天的芜湖话已与这些地方的方言相距很远。芜湖话已从这个古代曾是统一的方言区中分化出来了。调查芜湖方言，研究历史方言的分化和芜湖方言的形成，对于语言理论和汉语史来说无疑是很重要的。

根据考古研究，最早生活在芜湖一带人称为"皋夷"。汉代迁徙来的东瓯越人和闽越人（史书上又称"山越"人），也是芜湖的早期居民。这些早期的芜湖居民（皋夷人和山越人）的语言成分，有的可能还沉积在芜湖方言的底层中。此外，东晋时期，中原地区出现了"五胡乱华"。汉族士民纷纷南渡避难。晋武帝时，并州上党郡侨立于芜湖，襄县等四县士民定居芜湖一带。东晋时豫州襄城郡的定陵县，扬州淮南旧郡逡遒县也置侨县于芜湖境内。这些中原的士民带来了当时的北方话。在与当地居民长期的共同生活中，古代北方话的一些成分必然会融合在芜湖方言里。因此，深入研究芜湖方言，不仅会发掘语言融合的沉积物，而且也会获得宝贵的汉语史资料。所以我们认为芜湖方言还具有很重要的学术地位。

二、芜湖话的语音特点

芜湖市辖区内的话并不一致。不过老城话应是芜湖话的代表。

芜湖话在语音上特点主要如下：

第一，芜湖话不分n和l声母。例如：脑＝老，南＝篮，年＝连，怒＝路，女＝吕。

这些字来自中古音泥（脑南年怒女）来（老篮连路吕）声母。普通话将泥母字读n声母，将来母字读l声母。这些字芜湖话虽然也读成n、l声母，但是n和l声母所包括的字与普通话并不同。"南篮年连女吕"芜湖话都读n声母，"老脑怒路"芜湖话都读l声母。尽管每个声母中都包含泥来母的字，但是芜湖人却感觉不出它们的不同。因此我们仍将芜湖话的n和l归纳为一个l声母音位。

第二，芜湖话只有平舌声母z、c、s，没有翘舌声母zh、ch、sh。例如：招＝糟，潮巢＝曹，烧＝骚，蒸争＝增，虫崇＝从，声生＝僧。

这些来自中古音知彻澄章昌船书禅母的字和一部分庄初崇生母的字，普通话是读翘舌声母的，而芜湖话却读成了平舌声母。

此外，芜湖话还将一些普通话读zh、ch、sh、r声母的字，在口语中说成j、q、x和零声母。例如，"猪朱"说成"居"，"除厨"说成"渠"，"书舒"说成"虚"，"如"说成"余"。

第三，来自中古音见溪群晓匣母拼开口二等韵的一些字，芜湖话有两种读音，在口语中说成g、k、h声母，在读文章时却又读成j、q、x声母。例如，"家"口语说为阴平的ga，文读为阴平的jia，"街"口语说同"该"音，文读同"皆"音。"间"口语说同"肝"音，文读同"兼"音。"敲"口语说同"靠"的阴平，文读同"锹"音。"掐"口语说同"卡"的入声，文读同"恰"音。"鸽"口语说为"刊"音，文读同"谦"音，"下"口语说为去声的ha音，文读同"厦~门"音。"鞋"口语说同"孩"音，文读同"谐"音。"苋"口语说同"汉"音，文读同"现"音。

这些字在芜湖人的口语中，实际上还保存着古代牙喉音的读法。这种读法普通话里已不存在了。

第四，来自中古音假摄开口三等麻韵的字，芜湖话的读音不仅与普通话差别较大，而且在青老年人之间也存在很大的读音差别。可分三种情况：

1.芜湖话将这些普通话读 ie 韵母的字，一律混读为 i 韵母例如，爹＝低，姐＝挤，谢＝细，夜＝意。

2.芜湖老年人读 er 韵母，青年人读 ei 韵韵母，普通话读 e 韵母。

例字	老年音	青年音
赭~山	[ᶜtsõ]或[zer]（上声）	[ᶜtsɛ]
遮	[zer]（阴平）	[zei]（阳平）
车	[cer]（阴平）	[cei]（阳平）
蛇佘	[ser]（阳平）	[sei]（阳平）

3.芜湖的老年人将"社舍射"读同"蒜算善"。青年人却将它们分别读成[sei]、[sã]和[sõ]。

例字	老年音	青年音	普通话
社舍射	[sõ]	[sei]（去声）	shè
善	[sõˀ]	[sãˀ]	shàn
蒜算	[sõˀ]	[sõˀ]	suàn

第五，芜湖话将来自山摄合口一等恒韵的字、合口三等仙韵知系声母的字，以及咸摄开口三等盐韵章组声母的字，都读成[õ]韵母。而这些字普通话分别读 an、uan 韵母。例如："般潘盘判满"和"瞻展毡缠闪善扇染"普通话读 an 韵母。"短团暖乱钻酸砖穿船篆转软官宽欢换丸碗"普通话读 uan 韵母。

第六，芜湖老年人的话里，帮邦＝班，党＝胆，商＝山，房＝凡，港＝敢，航＝函，双＝拴，光＝关，皇＝还~原，汪＝弯。这种 aŋ、uaŋ 和 an、uan 不分的现象，在青年人的话里基本上不存在了。

等号前面的字来自中古音宕江摄阳声韵，普通话分别读 aŋ、uaŋ 韵母。等号后面的字来自咸山摄阳声韵，普通话分别读an、uan韵母。

第七，来自中古音深、臻摄开口阳声韵的字与曾、梗摄开口阳声韵的字，芜湖话读音混同。一律读成收n尾的韵母。例如：庚＝根，蒸征＝针真，声升生＝深身，冰兵＝彬，陵灵＝林鳞，婴英＝音因。

这些等号前面的字普通话读əŋ、iŋ韵母，等号后面的字普通话才是读ən、in韵母的。

第八，芜湖话除了与普通话相同的阴平、阳平、上声、去声四个调类之外，还比普通话多了一个读音高而短促的入声调。芜湖话的入声字基本上来自古入声。只有少数古入声字（如"贼""雹""亿忆""剧""肉""玉"等）芜湖话已读成舒声了。

芜湖话的入声字，普通话分别读作阴平（失击出说）、阳平（竹节服读）、上声（尺铁渴索）、去声（筑各月入），并且字音舒缓曲直抑扬分明。

三、芜湖话的词汇特点

第一，芜湖话"子"缀词很丰富。

可以分成三种情况：

1.与普通话的"子"缀相当的词。例如，纸媒子、澡堂子、光杆子、六谷（子）、芦秫（子）、银角子、洋铁皮子、半餐子（指青少年）、冰冻吊子（称冰锥儿）。

2.与普通话儿缀相当的"子"缀词。例如，萝卜缨子（～缨儿）、露水珠子（～珠儿）、短裤头子（～头儿）、枕头套子（～套儿）、丢点子（～点儿）、石头块子（～块儿）、背心子（～心儿）。

3.芜湖话是"子"缀词，普通话是无缀词。例如，鞋子（鞋）、磨子（磨）、猫子（猫）、狗子（狗）、老鼠子（老鼠）、苍蝇子（苍蝇）、蚂蚁子（蚂蚁）、蜻蜓子（蜻蜓）、楂蛛子（蜘蛛）、老哇子（老鸹）、大椒子（辣椒）、麻雀子（麻雀）。

第二，芜湖话中有些词的语素组合顺序与普通话相反。例如，槌棒

（棒槌）、背脊（脊背）、道地（地道：这是～的国产货）、欢喜（喜欢）、宵夜（夜宵）、才将（将才）。

第三，有些词普通话是单音节的，芜湖话却习惯说成偏正式的复合词。例如，灰面（面）、咸盐（盐）、米醋（醋）、沙鳖（鳖）、淖泥（泥）、大蒜（蒜）、老姜（姜）。

第四，有些词的结构与普通话不同。普通话是附缀式的，芜湖话却是偏正式的。例如，喉嗓（嗓子）、头颈（脖子）、口条（畜类的舌头）、舌条（人的舌头）、手颈（腕子）、夹钳（钳子）。

第五，芜湖话里有些复合词的语素成分与普通话不同。例如，精肉（瘦肉）、滚水（开水）、憨水（温水）、大椒（辣椒）、趿星（流星）、井索（井绳）、反手（左手）、顺手（右手）、脚板（脚掌）、拢手（抄手）、鱼卡（鱼刺）、烘火（烤火）。

第六，芜湖话有些词是单音节形式的，而普通话却是复合式的。例如，踔（顽皮）、啬（吝啬）、抠（小气）、清（漂洗）、搭（搭讪）、唏（喊叫）、巧（便宜）、憨（憨厚）、戳（挑拨、怂恿）、神（精明、刁猾）、磨（纠缠）。

第七，芜湖话有些词的词形与普通话相同，但是词义所指却不相同，例如：

词	芜湖话	普通话
谷	稻子	谷子
面	面条	面粉
房	单间的	整座的
屋	整座的	单间的
面糊	糨糊	稀糊
爹爹	祖父	父亲
姥姥	姑母	外祖母
蒜苗	蒜苔	整株蒜
香油	菜子油	芝麻油

　　　四脚蛇　　　　壁虎　　　　　蜥蜴

　　第八，芜湖话里有些词的词形与普通话相同，但是芜湖话的词义却大于普通话的词义。例如：

词例	芜湖话义	普通话义
饭[faˀ]	①食物：吃～了。 ②大米饭：今天中午吃～。	①食物：吃～了。
糟[ˌtsɔ]	①朽腐：木头～了。 ②垃圾：把～倒掉。 ③肮脏：地上～死了。	①朽腐：木头～了。
硬[ˌnɛ]	①坚硬； ②秤称得高：秤称得～。	①坚硬
厚[xəɤˀ]	①厚度大：～被子。 ②浓度大：粥太～了。	①厚度大：～被子。
磨[moˀ]	①磨子～面粉。 ②胡说：不要听他～。	①这盘磨可以～豆腐。
猴[ˌxəɤ]	①猴子 ②攀爬：～上去了。	①猴子
孬[ˌlɔ]	①怯懦：起来，别装～！ ②呆傻：这孩子真～， 一件半旧衣裳只换了 一个鸡蛋。	①怯懦：起来，别装～！
熄火[cieʔˌˌxo]	①停止燃烧，机器停止发动。 ②没有希望：这下子～了。 ③算了，拉倒：～吧，别搞了。	①停止燃烧，机器停止 发动。

　　第九，芜湖话里还保存着一些与吴语、湘语相同的方言词语。这与芜湖地处"吴头楚尾"的位置可能有关。

　　与吴语相同的常用词有：推班（差、次）、堂前（堂屋）、落雨（下雨）、落雪（下雪）、烊（溶化）、扎实（坚固）、邋遢（肮脏）、沰雨（淋雨）、旧年（去年）、发热（发烧）、标致（女人长得漂亮）、镥刀（菜刀）、小人（幼儿）、时辰（时候）、今朝（今天）。

与湘语相同的常用词有：打霜（下霜）、掣闪（打闪）、盐老鼠（蝙蝠）、脚板心（脚心）、耳巴子（耳光）、叫花子（乞丐）、肚脐眼（肚脐）、屄屄（幼儿大便）、怕丑（害羞）、先生（西医医生）、郎中（中医医生）、老鼠子（老鼠）。

第十，芜湖方言里还保存着一些古汉语的成分。例如，

滗[pieʔ]滤：把汤～干了。《集韵》入声质韵，滗，逼密切，《博雅》"滗也，～曰去汁也。"

餑[ˌpʻu]粥～出来了。《集韵》入声铎韵，餑，蒲没切，《说文》"吹釜溢也。"

洆[toʔ]衣裳被雨～湿了。《集韵》入声铎韵，洆，当各切，滴也。

敨[ˈtʻəo]把衣裳～一～再晒。《集韵》上声厚韵，敨，他口切，展也。

掗[uaˈ]够取：～不着。《集韵》去声祃韵，掗，乌化切，吴俗谓手爬物曰掗。

园[kʻãˈ]收藏：～起来，叫她找不到。《集韵》去声宕韵，园，口浪切，藏也。

挦[ˌtɕʻiẽ]煺、拔禽毛：～鸭毛。《集韵》平声盐韵，挦，徐廉切，摘也。

灒[tsãˈ]溅：～了我浑身水。《广韵》去声翰韵，灒，则旰切，水溅。

喫[tɕʻieʔ]～饭。《广韵》声入锡韵，喫，苦击切，喫食。

眼[lãˈ]晒：～衣裳。《集韵》去声宕韵，眼，郎宕切，暴也。

讹[ˌo]差、错：两个人长得一点都不～。这笔款子～了几块钱。《集韵》平声戈韵，讹，吾禾切，《玉篇》"伪也谬也舛也。"

搛[ˌtɕiẽ]夹取：吃饭怎么不～菜？《集韵》平声添韵，搛，坚嫌切，挟持也。

鸽[ˌkʻã]啄：这只公鸡怎么～人？《集韵》平声咸韵，鸽，丘咸切，鸟啄物也。

埕[tsoʔ]瓶盖：瓶~子掉了。塞：不吃就往里~。《集韵》入声屋韵，埕，侧六切，塞也。

捻[˘tsən] 扭、拧：把毛巾~干。《集韵》上声轸韵，捻，止忍切，引戾也。

奓[˳tsa] 张开：~嘴，手~开。《集韵》平声麻韵，奓，陟加切，张也。《韵会》开也。

衁[xuã˘] 血：猪血~，鸭血~。《集韵》平声唐韵，衁，呼光切，《说文》血也。

四、芜湖话的语法特点

第一，"家去"和"家来"。

芜湖话的"家去"[˳ka kʻei˘]，相当普通话的"回家去"。芜湖话的"家来"[˳ka˳lɛ]，相当普通话的"回家来"。普通话的这两个句子，在"家"的前面都有动词"回"。芜湖话显然可以缺少这个主要动词"回"。

"回家去"和"回家来"都是"动＋宾＋补"的结构形式。普通话"回"是及物动词，"家"是表处所的宾语，"去"和"来"是表趋向的补语。在普通话里"来""去"是不能直接带处所宾语的。处所宾语必须插在述语和补语之间。然而芜湖活的"来""去"不仅可以带处所宾语，说成"去家""来家"，而且还可以把处所宾语提前，置于"去""来"的前面，说成"家去""家来"。芜湖话的这种说法显然是有特点的。

第二，"在₁"和"在₂"的特殊用法。

芜湖话的"在"[tsɛ˘]有两点不同于普通话的用法。我们把它分别叫做"在₁"和"在₂"。

"在₁"是副词，它的作用相当于普通话的表示动作进行中的副词"正在""正"。它的作用虽然与普通话相同，但是芜湖话的"在₁"通常习惯出现在动词或行为词语的后面。这就是它不同于普通话的特殊地方。例如：

小王吃饭在。 小王（正）在吃饭。

小王看报在。　小王（正）在看报。

小王睡觉在。　小王（正）在睡觉。

"在₂"是助词。它用在陈述句的末尾，表示动作或情况正在持续。其作用相当普通话的语气助词"呢"。例如：

小王在田里插秧在。　　小王（正）在田里插秧呢。

外头落之（着）雨在。　外面（正）下着雨呢。

房门锁之（着）在。　　房门锁着呢。

即使有时在动词的前面已用了副词"在"或"正"，但是芜湖话仍习惯在动词或行为词语的后面，再加一个"在₂"。用以强调或加重肯定的语气。例如：

小王（正）在吃饭在。　小王（正）在吃饭呢。

小王（正）在看报在。　　小王（正）在看报呢。

外头正落雨在。　　　　外面正下雨呢。

锅里正煮饭在。　　　　锅里正烧饭呢。

第三，"把"的两种用法。

芜湖话里"把"[ˋpa]的用法既有与普通话相同之处，也有其特殊的地方。例如，"狗把我咬了一口"的说法是与普通话相同的，"我把他十块钱"的说法就是芜湖话特有的了。这后一句话要按普通话"把"的用法去理解就讲不通。可是芜湖人都知道这句话就是"我给他十块钱"的意思。再如：

小英把婆家喽！　　小英给婆家了。

把我一个信壳子。　　给我一个信封。

这本书把我看看。　　这本书给我看看。

由此我们知道，芜湖话"把"的第一种用法是介词，它与普通话的"把"相同。第二种用法是做动词，它与普通话的动词"给"用法相同。

第四，芜湖话"之₁"和"之₂"的用法。

芜湖话的"之₁""之₂"都读轻声[zi]。"之₁"的用法相当于普通话里表示动作完成的时态助词"了"。例如：

他吃之饭喽，你瞎吃咋？　他吃了饭了，你吃没吃？

我吃之喽。　我吃了。

我吃之饭，到街上晃之一下，家来就睏之。还做之一个梦。

我吃了饭，到街上逛了一会儿，回到家里就睡了。还做了一个梦。

"之₂"的用法相当于普通话表示动作持续的时态助词"着"。例如：

讲之讲之笑起来喽。　说着说着笑起来了。

坐之吃比站之吃快活些。　坐着吃比站着吃舒服一些。

要想之讲，不要抢之讲。　要想着说，不要抢着说。

第五，"一个"的特殊用法。

"一个"在汉语里通常是做数量词用的。可是在芜湖青年人的话里它既可以像普通话那样表示数量（"一个人""一个包子""一个信壳子"），又可以用在句尾，作为表示感叹的语气助词。例如：

好难看一个！　真难看呀！

好漂亮一个！　多么漂亮啊！

好大一个！　好大呀！

好远一个！　真远呀！

好慢一个！　真慢哪！

好甜一个！　真甜哪！

好难闻一个！　真难闻哪！

［原载《芜湖市志通讯》1988 年第 1 期］

徽州方言概要

徽州方言也叫"徽州话"或"徽语"。它是通用于以古徽州府六县辖区内及其周围地域的一种汉语方言。徽语比较集中地分布在新安江流域，共包括江西省的婺源县、德兴市浮梁县，安徽省的祁门、东至（部分地区）、石台（占大区）、黟县、太平县（西南部等乡）、休宁、屯溪区、徽州区、歙县、绩溪、旌德、宁国（部分地区）、浙江省的淳安（古旧遂安县）、建德市（含旧寿昌）等三省16个市县。

徽州方言是在20世纪80年代后期才确定下来的一种汉语方言。此前，它一直是被作为"未明方言区"处理的。对一个范围不大的地域方言，为什么会在很长时间内对它的地位那么难以定夺呢？主要是因为徽州方言有吴语的特点，有客、赣方言的特点，也有江淮官话的特点，甚至还有一些闽、粤方言的特点，所以很难将它硬性归为某一个大区方言。既然如此，就应该实事求是地将这个谁也不像的区域方言定为独立的"徽州方言"。徽州方言的这种具有多种方言特性的特点，就是它的区别特征。这一特征与它自身的历史演变、经济状况有密切关系，也与它所处的地理条件、周边语言环境密不可分。徽州方言多种特征的个性，确定了它非常特殊的地位。解答它多种个性特征的形成，就是语言（包括方言）融合的重要理论课题。准确分析徽州方言的融合过程及其特点，无疑是对汉语方言学理论的重要贡献。

本文可分三部分：第一部分，简述徽语的形成、演变和徽语的特征、内部差异；第二部分，重点描述各片徽语语音、词汇、语法的基本面貌和特点；第三部分，探讨徽州方言深厚的文化底蕴。

一、徽州方言的形成和演变

徽州方言是由使用徽州方言的社会成员在历史长河中发明创造的。大量的史料记载、考古工作的地下发掘以及徽州方言地区至今还沿用的地名、水名等，都说明上古"蛮夷"（百越）和汉代山越人的话，应该是古黝、歙的早期语言。晋永嘉丧乱以后，中原大批汉人南迁，他们既带来了北方汉人的文化习俗，也带来了势力很强的汉族语言。徽州方言就是在中原汉人带来的汉语基础上吸收融合了"蛮夷"（百越）山越人部落语中的有用成分而形成的。

对徽州方言造成大范围影响的情况，主要表现在两个方面。首先，随着徽州人赴外地做官、经商的人逐渐增多，以及徽商经营地域的逐渐扩大，由于徽语与其他方言差异很大，他们必须学会使用其他方言。其次，明清以来因天灾、战乱，迫使周围地区说不同方言的人大量流入徽地。总的看来，无论是徽州文人、徽州商人带回来的外地方言，或者是周围难民带进来的外地方言，大都是以吴语、赣语和江淮官话为主的。这三种方言对徽州方言的影响都很大。外来方言的影响既增强了徽州方言的表现力，也加大了徽州方言的内部分歧。

造成徽州方言在发展中出现变异的原因很多。第一是地理原因。徽语区正处在黄山、九华山、白际山、天目山、五龙山等山脉的盘踞区内。高山大川阻隔了人们相互交往，局限了语言使用范围，造成方言孤立发展。

第二是社会原因。封建宗法制的统治和程朱理学的束缚是造成徽语分歧的重要社会原因。历史上迁入徽州各地的豪强大姓或仕宦之家，多是按照一家一族建立村寨的。严格限制或排斥他姓人。直至今日还呈现着这样局面。长期把人们束缚在一村一寨，限制了语言的交际范围，造成方言孤立发展。

此外，由于历史上移民的来源不同，带来的方言也有不同，加上受到不同外来方言的影响，也是造成徽语内部出现较大差异的重要原因。

徽州方言发展演变的总趋势是：语音体系趋于简单化，词汇方面既有更新又有吸收，语法形式也出现了多样化。

二、徽州方言的共同特征和分片特征

共同特征是构成一种方言的基础。一种方言的共同特征越多、越鲜明，那么这种方言的一致性就越强。汉语各个方言在语音方面的共同性比词汇、语法方面弱，因此方言语音的共同特点大都作为一种方言分区的主要标志。

徽州方言的共同特点主要有：

1. "朋病白""桃豆达""葵跪共""从坐杂""程丈直""求近局""崇助镯"等古全浊声母字，在徽州方言中一律读成清音声母，逢塞音、塞擦音声母时，不同程度都有读送气的现象。

2. 徽州方言中多数地方都有舌面鼻音ȵ声母和舌根鼻音ŋ声母。例如："艺言日箬泥娘"等大都读成ȵ（或n）声母，"矮鸭岩眼袄咬"等大都读成ŋ声母。

3. "太快""高效"等字的复元音韵母，在徽州方言里大部丢失i、u韵尾。

4. "南兰甜田船圆""堂亮讲光""金斤根军""灯升生病亭"等古为咸、山、深、臻、宕、江、曾、梗等摄读鼻音尾韵母的字，在徽州方言中鼻音尾大都脱落，大都读成鼻化韵母或元音韵母。

5. 古上声字在徽州方言中最稳定，多数地方把古清音和古全浊上声字仍读成同一声调。例如：桶＝动、舔＝簟、彩＝在、杵＝柱、请＝静。

6. 晚上7—10时和夜间统称"夜"，晚上说"到夜"或"夜家"，晚饭说"夜饭"，吃晚饭说"吃夜饭"，加夜班干活说"打夜做"，吃宵夜说"吃半夜餐"。

7. 下雨、下雪说成"落雨""落雪"；淋雨说"沰雨"。

8.表示时间的"天"大都用"日"或"朝"。例如：今日、今朝，明日、明朝，后日、后朝，前日、前朝，上半日、下半日。

9.房舍建筑说法较一致的特色词：风火墙或马头墙（防火墙）、明堂（天井）、堂前（堂屋）、灶下（厨房）、阁梯或阁桥（楼梯）、槛囵、槛窗或槛（窗子）。

10.人体生理说法较一致的特色词：面或面孔（脸）、鼻头或鼻孔（鼻子）、顺手（右手）、反手（左手）；"脚"的词义既有"足"又有"小腿"。发疟疾说"打半日""打半工""打半昼""打三日头"或"打三朝"（隔日发作的）。

11.表示家禽、家畜雌雄的语素，习惯摆在种称语素的后面。例如，鸡公（公鸡）、鸡母（母鸡）、鸡婆（产卵的、孵小鸡的）、猪公（公猪）、猪婆（产崽的）、猪斗（种公猪）、水牯（公水牛）、水牸或水牸（母水牛）。

12.人称代词单数大部说我、尔（读ŋ）、佢，复数大都说我人或我侬、尔人或尔侬、佢人或佢侬。

13.其他方面说法较一致的特色词：火燫或火囱（烤火篮）、饭甄（蒸饭桶）、炸饭（开水泡饭，"炸"读如沙）、馃（饼）、油炸鬼或丝瓜蒲（油条）、包萝（玉米）、芦穄（高粱）、落苏（茄子）、羊角（豆角儿）、蛇鱼（黄鳝）、猴狲（猴子）、莳田（插秧）、轻骨头（骄傲）、吃果子或吃水茶（服中药）、隑、徛（站立）、园（放、收藏）、嬉（玩）、闹热（热闹）、壮（包括胖、肥的意思），量词"只"可以用于（牛、猪、鸡、鱼）：一~牛、一~猪、一~鸡、一~鱼。

14.用不同的词区分副词"没有"和动词"没有"。副词"没有"大都说"不曾"或"勿曾"（~米），动词大多仍说"没有"（~钱）。

15.单音动词重叠后可以连带有关成分。其一，动词重叠后可以连带补语，可以表示祈使的语气。例如：尔看看清楚。把手洗洗干净！字写写端正！其二，有些及物动词重叠还可以连带宾语，可以表示出"做完""做好"之后的附加意义。例如：吃吃饭再讲（吃过饭再说）。洗洗面嘴再吃饭（洗过脸再吃饭）。

16.大都采用介词与方位词组成指示性结构加在动词前面表示正在进行态。例如：佢在那哪写字（他正在写字）。佢是个里吃饭（他正在吃饭）。

17.表示动作行为再次重复或增加的"添"或"凑"习惯置于句末。例如：吃碗饭添，吃一碗凑（再吃一碗饭），讲一遍添，讲一遍凑（再说一遍）。

18.表示动作行为先一步的"起"习惯置于句末。例如：吃点茶起，歇一下再讲（先喝点茶，休息一会儿再说）。

19.习惯将谓语动词后面的补语成分"不过"置于句末。例如：我打他不过。（我打不过他。）

徽语是内部差异很大的一种方言。它通行的范围虽然不大，但是各方言片或各方言点之间的人们都存在着不同程度的交谈困难。这主要是由于方音差别太大，说法不同的词语太多造成的。

下面再分述各个方言片的主要特征：

绩歙片：包括绩溪、歙县、旌德（限于西部洪川一带）、宁国（限于南部洪门乡等地）、淳安（限于西部唐村等地）。地处徽语区的东部，历史上受吴语和江淮话影响较大。本片方言除了共有的特征之外，还有以下个性特征：

1."张照""昌朝""舜书"等来自古知、章组三等韵的字，除通摄之外，本片方言大都读成舌面音tɕ、tɕʻ、ɕ声母。"张照"读如"姜叫"，"昌朝"读如"腔桥"，"舜书"读如"训虚"。

2."豆篓凑口殴"等来自古流摄一等韵的字，本片方言读音与流摄三等韵字的韵母相同。例如，"篓"读如"柳"，"凑"读如"袖"。

3.来自古深臻摄鼻音韵母字和来自曾梗通摄鼻韵母字，本片方言读音（除少数梗摄字之外）韵母混同。例如：针真＝蒸征，心新＝星兴，尊＝宗，魂＝红。

4.古入声字的塞音韵尾，除许村话外，都演变成收喉塞音韵尾。

5.方言与普通话"和""跟""同"用法相当的词是"搭"。例如：我搭佢都是徽州人（我和他都是徽州人）。小王要搭小张结婚了（小王要和小张结婚了）。

6.方言用"头"作为缀的词很丰富，独具特点的有：鼻头（鼻子）、角落头（旮旯儿）、后门头（后门边）、茅司头（厕所边）、一下头（一下）、一张头（一张）。

7.方言有丰富的AAB结构方式的词。例如，形容词：雪雪亮、漆漆乌、墨墨黑、滚滚壮、整整齐、屁屁轻、猫猫软、太太晏。

再如，AAB重叠式方位词：高高头、上上头、下下头、前前头、后后头、里里头、外外头、中中间、边边舷。

8.在领属关系的结构中，当数量为"一"时，名词前既可省略数词"一"，又可省略助词"的"，但必须说出量词。例如：我只脚痛煞（我的脚痛死了）。小王支钢笔跌踢哩（小王的钢笔丢了）。小张双皮鞋真漂亮（小张的皮鞋真漂亮）。

休黟片：包括休宁、屯溪、婺源、黟县、祁门（东南部凫峰一带）、太平（西南部郭村等乡）。地处徽语区的中部，历史上受江淮话和赣语影响较大。本片方言除了共有的特征之外，还有以下个性特征：

1."鬼""筐"（盛~）"惠"等来自古见晓组声母合口三等韵字，本片方言大都颚化读成舌面音tɕ、tɕ'、ɕ声母拼细音韵母。例如，休宁话"鬼"读[tɕy]，"筐"读[tɕ'iau]，"惠"读[ɕy]。

2."开""肝""根"等来自古蟹开一、山开一、臻开一见系声母字，本片方言大都读成合口韵母。例如，休宁"开"读如"盔"，"肝"读如"官"，"根"读如"乖"。

3.本片方言除婺源、溪口话外，都有以i、u、y为韵腹，以ə或E为韵尾的特殊韵母。例如，休宁话"花"读[xuɐ]，"业"读[ȵiɐi]，"官"读[kuɐ]，"权"读[tɕ'yɐ]。

4.本片方言都有以收n鼻音尾构成的"儿化词"和AnB式嵌儿词。例如，屯溪话"带儿"读[tan²⁴]，"索儿"读[son²⁴]，"子儿"读[tsʅn²⁴]，"裤儿"读[kun²⁴]，"栗儿"读[len²⁴]，以及"燕儿子""菩萨儿纸""挨夜儿边""猫儿软""屁儿轻""飞儿快"。

5.本片方言的"是"还可以与普通话"在"的用法相当。例如，佢不是家里（他不在家）。佢是城里上学（他在城里读书）。

6.助词"了"在本片方言里多数地方说"着"，只有婺源话说"之"。例如，佢来着。佢来之。天要落雨着。天要落雨之。

祁德片：包括祁门（东部凫峰一带除外）、东至（限于东部木塔一带）、浮梁、德兴。地处徽语区西部，受赣方言影响很大。

本片方言除了共有特征之外，还有以下个性特征：

1.本片方言都有舌尖后音 tʂ、tʂ'、ʂ声母。它们是来自古庄组、知组二等字和通摄知系字。例如："桌"读 tʂ，"充"读 tʂ'，"床"读 ʂ。

2.来自古曾摄梗摄鼻韵尾的字，今浮梁、德兴话都丢失鼻尾，读成元音韵母。例如：浮梁"冰"读[pɛi]，"程"读[tɕʻiɛi]；德兴"冰"读[pæ]，"程"读[tʂʻæ]，"兄"读[xuæ]。

3.古入声字的塞音韵尾全部脱落，读成舒声调。例如"各急桌"祁门、德兴读成35升调，浮梁读13升调。

4.浮梁、德兴话有卷舌元音韵母。例，"儿耳二"都读[er]。

5.本片方言与助词"的""地"用法相当的词是"个"。例如：慢慢个走。是佢个书。看书个看书。写字个写字。

6.表示动作行为再次重复时，通常习惯用"凑"，并且将其置于句末。例如：尔吃一碗凑（你再吃一碗）。尔戏一日凑（你再玩一天）。

7.比较句可以不用介词"比"，直接用比较结果说明问题。例如：哥郎高过弟郎，弟郎胖过哥郎（哥哥比弟弟高，弟弟比哥哥胖）。

旌占片：包括旌德、祁门（安凌、城安、赤岭一带）、石台（限于占大区）、黟县（限于北部的美溪乡、柯村乡）。地处徽语区的北部边缘地带，受江淮话影响很大。本片方言除了共有的特征之外，还有以下个性特征：

1.来自古臻摄鼻韵母字和一些咸山摄鼻韵母字，本片方言韵母混同。例如：旌德话：屯＝团、跟＝肝、恩＝安；占大、柯村话：跟＝肝、滚＝管。

2.来自古宕江摄鼻韵母字与一部分咸山摄鼻韵母字，柯村、占大话韵母混同。例如：党＝胆、光＝关。

3.古入声韵的塞音尾本片方言全部消失，演变为舒声调。例如："急辣"旌德读55调，柯村"急"读213调，占大读42调，"辣"柯村读22调，占大读31调。

4.旌德话与普通话"子""儿"后缀用法相近的是"的"后缀。例如：叶的（叶子）、角豆的（豆角儿）、顶针箍的（顶针儿）、影影的（影子）、鸽鸽的（鸽子）。

5.旌德话表示完成时用"哈"，表示情况变化时用"阿勒"。例如：讲哈一遍，又讲哈一遍（讲了一遍，又讲了一遍）。吃哈饼子套哈颈子（吃了饼子套了颈子）。落雨阿勒（落雨了）。佢走阿勒（他走了）。手表跌阿勒（手表丢了）。

6.有丰富的加强形容词意义的 xA＋xA 结构式。例如：飘轻飘轻、滑亮滑亮、烂浅烂浅、透潮透潮、滚壮滚壮、稀涝稀涝、粉嫩粉嫩、猫软猫软、白淡白淡。

严州片：包括淳安（含旧遂安）、建德（含旧寿昌），地处徽语区的东南部。在吴语的包围下，受到吴语影响很大。本片方言除了共有的特征之外，还有以下个性特征：

1.来自古知、章、庄组声母字（除一部分合口韵外），本片方言大都读舌尖前音 ts、ts'、s 声母。

2."坐罪、柴床、船绝"等来自古从崇船母字，本片方言大都读擦音声母。例如："坐罪"读 s、"柴床"读 s（或 ç）、"船绝"读 ç。

3.来自古深、臻、曾、梗、通摄收不同鼻音韵尾的字，在本片方言出现韵母混同现象。例如：贫＝平、屯＝腾、深身＝升声、心新＝星兴；遂安话，屯＝腾＝同。

4.都有收 m 韵尾的鼻韵母。淳安、建德、寿昌主要是将古通摄鼻韵母字读 m 韵尾。例如："通红" [t'ɔm ɔm]（淳安）、[t'aom aom]（建德）[t'ɔm ɔm]（寿昌）。遂安话主要是将古宕江摄鼻韵母字读 m 韵尾。例如："钢、网" [kom]、[mom]。

5.古入声在本片方言里大都演变为阴入、阳入两类。

6."今天非常热"这句话，淳安习惯说"今阴交关热"，建德、寿昌习惯说"今朝交关热"。

7.方言里与普通话"的"用法相当的词，大都说"介"。例如：是佢介，不是尔介。大介小介都买。

8.本片方言与普通话"了"用法相当的词，除了遂安话也用"了"，其他三地话都说"罢"。例如：寻着罢（找着了）、雪烊罢（雪化了）。

三、徽州方言的深厚文化底蕴

徽州文化是在山越文化和中原文化的基础上形成发展起来的。由于徽州特殊的自然地理环境以及严峻的封建礼教统治，所以至今徽州方言还是一个有待深入开掘的富矿。我们在调查徽州方言的过程中，发现不少疑难的问题。既有特殊的语音元素，又有大量"有音无字"的词语，还有很多难以理解的说法。为了解释这些语言现象，我们做了一些不同语言和古今汉语之间的比较工作。

首先，通过探讨徽州方言中残存的底层现象，回答了徽州方言特殊辅音 tɬ、tɬ'、ɬ 和一些方言词的来源问题。

徽州方言中这组发音特殊的声母主要分布在黄山汤口、芳村、杨树和歙县南乡的十来个区乡的方言里。黄山汤口、杨村、芳村话的 tɬ、tɬ'、ɬ 声母可以跟开口、齐齿、合口、撮口中的18个韵母相拼。这三个声母的字主要来自古音的精组声母、庄组声母以及通摄知、章组声母。那么，徽州话里这组发音特殊的辅音是从哪里来的呢？通过对历史语言资料和现代汉语方言的考查，我们认为它既不是古汉语语音的遗留，也不是现代汉语方言新生的。黄山等地话的 tɬ、tɬ'、ɬ 是汉语同其他民族语言融合的产物。

第一，在同汉语有亲属关系的我国少数民族语言里有这种音素。例如，壮族、藏族、彝族、黎族和苗族语言里都有。其中苗族语言里最多。

第二，历史上曾是汉语与少数民族混居的地方，方言里都不同程度的保存着这种特殊的音素。例如闽语莆仙方言就有ɬ，粤语高州、濂州以及台山端芬地区也有ɬ和tɬ、tɬʻ声母。这些例子都见于袁家骅等著《汉语方言概要》，作者在书中明确指出，这些与壮语相同的特点"是早期壮侗语在粤方言里留下的痕迹"。

古黟、歙曾是"越"人聚居的地方，直到东汉末汉人才逐渐迁入，出现了语言之间的相互影响。徽州方言中的tɬ、tɬʻ、ɬ正是汉、"越"语言融合的历史痕迹。那么，徽语黄山话中的tɬ、tɬʻ、ɬ究竟是同哪种民族语言融合而保住下来的呢？我们将广西龙胜伶话（一种苗族人说的汉语方言）和黄山话的语音进行比较之后，发现两者之间有着惊人的近似。他们不仅有这种特殊声母，而且字音的来源也大致相同。这样黄山话在历史上是否有跟苗语融合的可能呢？除了黄山的方言材料帮助我们做出肯定的回答外，历史的有关记载也能证明：第一，史实说明江淮之间在上古时代是苗族居住的地方。第二，在"百粤杂处，各有种姓"的江南之地，苗族应该是其中之一。第三，皖南山区在历史上正是少数民族"依山险阻以自安"退居的好地方。第四，这组特殊辅音以苗语最丰富最发达。因此，我们认为徽语中特殊辅音很可能是苗、汉语言融合后沉积下来的底层物质。

对于徽州方言中其他特殊词语，也可能是汉语与其他民族语言融合的产物。

在本章第二部分，我们解答了很多徽州方言中保存古音的现象，分析了方言中沿用着的古词、古词义，对于方言中那些所谓"有音无字"词语，书中也做了很多本字考源的工作。这为深入研究徽语打下了基础。

[原载《徽学丛刊》第二辑，原名为"《徽州方言》卷的主要内容"]

皖西赣语古音撮要

汉语在悠久的历史长河中，面貌已发生了很大变化。由于汉字不表音，这样就为重建汉语史带来了很多困难。怎样才能解决这个重大的历史性课题呢？王力先生说："现代活生生的口语就是汉语史的最好根据。现代汉语方言是复杂的，正是由于方言的复杂，更有足够的语言事实来证明汉语发展的过程。……现代汉语方言的研究对于汉语史的建立，是能起非常重大的作用的。"①本文就皖西赣语②中保存着的古音现象，进行分析介绍。希望它对汉语史方面的研究会起到积极作用。

一

1.1清代学者钱大昕在其著作《十驾斋养新录》中，提出了"古无轻唇音"的论说。"轻唇音"就是唇齿音f、v等。也就是说中古音中的"非敷奉微"四个轻唇音声母，在上古（周秦时代）音中，都是读成重唇音（双唇音）"帮滂並明"四个声母的。这一论点，在皖西赣语的语音中也得到了证明。例如：

甫[ᶜpʻu] 杜~　　脯[ᶜpʻu] 牛~、果~　　伏[pʻu²] 孵~，~鸡

蚊[₅mən] ~子　　网[ᶜmaŋ] ~瓜（丝瓜）　　袜[ma²] 手套，手~子

①王力：《汉语史稿（上）》，科学出版社1957年版，第20页。
②皖西赣语区主要包括岳西、潜山、宿松、太湖、望江、怀宁、东至、贵池市（西部和东南部）。见《中国语言地图集》，香港朗文出版有限公司1987年版，第一分册B11图。

方言字音	普通话音	中古音
甫脯[ˈpʻu]	[ˈfu]	《广韵》上声麌韵，方矩切，非母
伏[pʻu²]	[ˌfu]	《广韵》去声宥韵，扶富切，奉母
蚊[ˌmən]	[ˌuən]	《广韵》平声文韵，无分切，微母
网[ˈmaŋ]	[ˈuaŋ]	《集韵》上声养韵，文纺切，微母
袜[ma²]	[ua²]	《广韵》入声月韵，望发切，微母

毫无疑问，皖西赣语将"甫脯""伏"读pʻ声母，将"蚊网袜"读m声母，正是上古音将轻唇读成重唇音的遗存现象。

1.2 今人裴学海先生认为"上古音邪、从两纽不分[1]"。从皖西赣语将大量的邪母字读音如同从母的事实，也可得到证明。例如：

	方言例字 从母、邪母读音	中 古 音	普通话音
慈	词辞祠 ˌtsʻɿ	《广韵》平声之韵，似兹切，邪母	ˌtsʻɿ
字	寺 tsʻɿ² 巳 tsʻɿ²	《广韵》去声志韵，祥吏切，邪母 《广韵》上声止韵，详里切，邪母	sɿ² sɿ²
齐	徐 ˌtɕʻi	《广韵》平声鱼韵，似鱼切，邪母	ˌɕy
聚	席 tɕʻi²	《广韵》入声昔韵，祥易切，邪母	ˌɕi
	随 ˌtsʻei	《广韵》平声支韵，旬为切，邪母	ˌsuei
	囚 ˌtɕʻiəu	《广韵》平声尤韵，似由切，邪母	ˌtɕʻiou
就	袖 tɕʻiəu²	《广韵》去声宥韵，似祐切，邪母	ɕiou²
前	旋 ˌtɕʻiɛn~螺风	《广韵》平声仙韵，似宣切，邪母	ˌɕyan
勤	寻 ˌtɕʻin	《广韵》平声侵韵，徐林切，邪母	ˌɕyn
墙	祥详翔 ˌtɕʻiaŋ	《广韵》平声阳韵，似羊切，邪母	ˌɕiaŋ
匠	像 tɕʻiaŋ²	《广韵》上声养韵，徐两切，邪母	ɕiaŋ²
从	松~树ˌtsʻoŋ	《广韵》平声锺韵，详容切，邪母	ˌsoŋ

皖西赣语将这些邪母字，与从母字读音相同，正体现了上古音从邪两母不分的事实。这种读音正是上古音的残存现象。

---

[1] 李新魁：《古音概说》，广东人民出版社1979年版，第59页。

1.3中古音的庄组声母字，普通话大都读成翘舌音声母，与知、章组声母相同。例如，争＝征＝蒸[ʈʂəŋ]，愁＝绸＝酬[ʈʂʻou]。可是，皖西赣语的宿松话，把庄初崇生声母的字大都读平舌音，跟精清从心声母拼洪音韵的字相同，与读翘舌声母的知、章组声母不同。现将方言中常用字及读音列对照表如下：

声 韵	精组 ts tsʻ s	庄组 ts tsʻ s	知、章组 ʈʂ ʈʂʻ ʂ
a	杂 擦 萨	渣抓 插差 沙杀	遮 车 蛇
əu	走 粗 苏	邹阻 楚锄 瘦梳	周 抽 寿
ʅ、ɿ	子 慈 思	滓　差参~ 史事	知 齿 始
o	左 昨 索	捉　　　所缩	着 戳 硕
æ	则 贼 塞	窄 策 色	浙 掣 设
ai	栽 菜 赛	债 柴 筛衰	—
au	早 草 嫂	笊 巢炒 梢	招 超 邵
an	赞 餐 三	斩 铲馋 山衫	展 缠 善
ən	怎 村 森 曾 层 僧	争 衬 生	针 沉 身 蒸 成 升
aŋ	脏 藏收~桑	庄壮 窗床 霜爽	张 厂 上

从这个对照表可以看出，皖西赣语的宿松话把庄组字的声母读得与精组（洪音）字相同，这究竟是怎样的语言现象呢？音韵训诂学家黄侃提出的上古音"庄初床（崇）疏（生）等声母归精清从心等声母"①的理论，准确地回答了我们的问题。宿松话中的庄组声母与精组声母合一的语音特点，正是从上古语音留传下来的。

1.4从反映中古语音情况的韵书《广韵》的反切用字，就可以看出当时有很多字的读音，在现代话里已发生了变化。譬如，"叫"字普通话读[tɕiau]，声母是舌面音tɕ。《广韵》去声啸韵，"叫"为"古吊切"。按其反切原则可知其与"古"字声母同为舌根音k。这说明读k声母才是"叫"的

①黄侃说的"庄初床疏"，在现代音韵著作中，习惯用"庄初崇生"作为声纽字。"床"与"崇"同组，"疏"与"生"同组。

古音。皖西赣语把"乞丐"叫做"告花子"，这里的"告"就是"叫"。把"叫"说成"告"不仅是古音，而且还是早期的古音读法呢①。此外，应读舌根音声母的常用字：

家—古牙切　　敲—口交切　　下—胡驾切　　牙—五加切②

虹—古巷切　　嵌—口衔切　　蟹—胡买切　　雁—五晏切

这八组反切，都是在《广韵》里摘录的。从反切上字，可以肯定中古之前，这些字也是读舌根音声母的。皖西赣语将这些字正是读k（家虹）、k'（敲嵌）、x（下蟹）、ŋ（牙雁）声母的。因此我们说，他还保留着这些字的古音读法。与此相同的保留古音读法的常用字还有很多。例如：

声母＼韵母	a	ai	au	an	aŋ
k	枷稼、假、嫁架、甲夹	街稭、鲜、介芥界戒	荛、觉困~、窖	间房~、间~隔	豇、讲、虹
k'	揩			铅	
x	虾、霞、瞎辖	鞋		咸~味、苋陷	项巷
ŋ	鸦丫桠、牙伢芽、哑、轧、鸭压、鳤黄~鱼		咬吆喊、~佢回家去	淹、严门关~岩、眼、晏来~了、厌~人	

可以看出，皖西赣语中这些保存古读牙喉音声母的字，主要来自中古音开口二等见系声母，只有少数字来自开口三、四等见系声母。

1.5皖西赣语将下面这些字读k、k'声母，既不符合中古音的反切，又不完全跟普通话的读音相同，这是怎么回事呢？先看事实（望江话）：

方音	中古音及字义	普通话音
合₅ko~伙，联合在一起	《广韵》入声合韵，候阁切，匣母	₅xɤ³⁵

---

① "叫"和"吆"在皖西赣语中都读洪音au韵母。据李新魁著《古音概说》（广东人民出版社）43页注脚中说："早期的四等韵也不带i介音"。可推知方言中这两个四等字的读音，反映的是早期的古音读法。

② "五"古音属"疑"母，疑母音值古为舌根浊鼻音ŋ。今上海话把"五"就是说ŋ的。

《玉篇》同也。

蛤ₑk'a⁴⁴~蟆　　　　《广韵》平声麻韵，胡加切，匣母　　　ₑxa³⁵

衔（唧）ₑk'an⁴⁴　　　《广韵》平声衔韵，户监切，匣母　　　ₑɕian³⁵

槛ₑk'an³¹~子、~帘　　《广韵》上声槛韵，胡黤切，匣母　　　ᶜk'an²¹⁴
　　　　　　　　　　　门下横木谓之门槛

葫ₑk'u⁴⁴~芦　　　　　《广韵》平声模韵，户吴切，匣母　　　ₑxu³⁵

糊ₑk'u⁴⁴　　　　　　　《广韵》平声模韵，户吴切，匣母　　　ₑxu³⁵
　　　　　　　　　　　《说文》黏也。

溃k'uei⁼³⁵　　　　　　《广韵》去声队韵，胡对切，匣母　　k'uei⁵¹ xuei⁵¹

况k'uaŋ⁼³⁵　　　　　　《广韵》去声漾韵，许访切，晓母　　k'uaŋ⁵¹

械kai⁼³⁵机~　　　　　《广韵》去声怪韵，胡介切，匣母　　　ɕie⁵¹

缳k'uan⁼¹³绞扣~　　　　《广韵》去声谏韵，胡惯切，匣母　　　ₑxuan³⁵
　　　　　　　　　　　《说文》缳络也，《广韵》系也，《类篇》维也。

镮k'uan⁼¹³门~　　　　《集韵》去声谏韵，胡惯切，匣母　　　ₑxuan³⁵
　　　　　　　　　　　《正字通》凡圜郭有孔可贯系者谓之镮。

对这些中古音为晓、匣母的字，皖西赣语读成k、k'声母，与普通话的读音大都不同，这正是上古音读法的残存现象。对于这个问题，李新魁先生已有"上古音中晓匣两母应合归见溪群母"的论述。皖西赣语中的这种读音情况，正好也可以作为李先生论点的佐证。

1.6皖西赣语对"日"母的读音很不一致。但常用的一些古日母字在各地说法还是大致相同的。譬如，望江话把下面的这些"日"母字，一律读成舌面鼻音ȵ声母：入[ȵy²]、弱箬[ȵio²]、绕[ᶜȵiau]、软[ᶜȵyen]、人[ₑȵin]、认[ȵin²]、让[ȵian²]。

此外，皖西赣语中古"疑"母字，今韵母为洪音时仍保持古音ŋ声母的读音。这在前面讲皖西赣语在洪音韵前，"见溪群疑晓匣"等母仍读为舌根音k、k'、ŋ、x声母时，已经讲到。这里只讲古"疑"母在今细音韵母前读ȵ声母（少数仍读ŋ）的问题。望江话中读ȵ声母的常用疑母字：[ₑŋy⁴⁴]蜈~蚣虫，[ₑȵy⁴⁴]鱼渔禺隅愚娱虞，[ᶜȵy]语，[ȵy²]遇寓；[ₑȵi]疑宜仪拟，[ꜛn̠i]蚁，[n̠i²]义议艺谊，[n̠io²]虐疟，[n̠ie²]业，[ꜛn̠iəu]偶藕，[ꜛn̠iəu]牛，[ꜛn̠ien]严研，[n̠ien²]砚验酽^{茶~、酒~}，[ꜛn̠in]凝银，[ꜛn̠iaŋ]仰。

　　根据音韵学家们一致的看法，古日母的音值就是舌面鼻音 n̠ 加高元音 j 构成的[n̠j]。因此我们认为皖西赣语把这部分日母字读成 n̠ 声母加 i 介音的现象，就是"日"母字的古音读法。

二

　　2.1 中古音假摄麻韵共分开口二等麻韵（马茶纱家霞鸦）、三等麻韵（姐斜车夜）、合口二等麻韵（傻瓜花蛙）。今音普通话读开口、合口二等韵字时，韵腹相同，仍可相押。例如，家[ꜛka]、花[xua]（韵腹都是 a）。开口三等麻韵字，普通话读成 ie 韵母和 ɣ 韵母，已不能相押。然而，皖西赣语的宿松话、望江话仍保持着假开三麻韵字与其他麻韵字韵音一致的特点。因此，古假摄三等字与开、合口的二等字完全可以相押。例如，唐代人王建的诗《雨过山村》：

　　　　雨里鸡鸣一两家，竹溪村路板桥斜。
　　　　妇姑相唤浴蚕去，闲着中庭栀子花。

　　宿松话"家"读[ꜛka]，"斜"读[ꜛɕia]，"花"读[ꜛxua]。三个字的韵腹都是 a，又无韵尾，所以仍可押出和谐悦耳的韵音。

　　2.2 古咸山两摄都有开口一二三四等阳声韵字。今音普通话的读音，除了韵头之外，韵腹和韵尾都相同。已无法看出四个等的差异。可是，在皖西赣语怀宁话里，由于韵头和韵腹都有不同，所以有些字还能够反映出两摄开口阳声韵的一二三等和四等的区别。例如：

韵摄	开一等	开二等	开三等和开四等	
舒声韵 音值	on	an	ɛn	iɛn
咸	参 ₌ts'on	馋 ₌ts'an	粘 ₌tsɛn	剑兼 tɕiɛn⁼
	敢 ˉkon	减 ˉkan	佔 tsɛn²	钳谦 tɕ'iɛn
	含 ₌xon	嵌 k'an²	闪 ˉsɛn	险嫌 ɕiɛn
	暗 ŋon²	咸 ₌xan	染 ₌zɛn	盐 ₌iɛn
山	散 ˉson	盏 ˉtsan	展 ˉtsɛn	建肩 tɕiɛn⁼
	肝 ₌kon	间 ₌kan	甄 ₌tsɛn	件牵 tɕ'iɛn
	寒 ₌xon	苋 xan²	善 sɛn²	献显 ɕiɛn
	安 ₌ŋon	眼 ˉŋan	扇 sɛn²	演烟 iɛn

在怀宁话中还能够反映出四个等的音韵之间的差异，这当然也是残存的古音现象。

2.3 古合口三等韵知、章声母的字，在望江、怀宁、太湖话中仍保存着合口读细音特点。这种读法也是符合古音发音要求的。清代音韵学家江永就有"一等洪大，二等次大，三四皆细，而四尤细"之说。皖西赣语这些地方话将合口三等知章组的字，读成细音韵母的情况，完全符合江氏的论述。反之，普通话中这些字仍读洪音，与古音相去已远。例如：

合口三等		太 湖 音			普 通 话 音		
知组	猪主柱	₌tɕy	ˉtɕy	tɕ'y²	₌tʂu	ˉtʂu	tʂu²
	追传椿	₌tɕyei	₌tɕ'yɛn	₌tɕ'yn	₌tʂuei	₌tʂ'uan	₌tʂ'uən
	中虫重	₌tɕyəŋ	₌tɕ'yəŋ	tɕ'yəŋ²	₌tʂuŋ	₌tʂ'uŋ	tʂuŋ²
章组	煮书主	ˉtɕy	₌ɕy	ˉtɕy	ˉtʂu	₌su	ˉtʂu
	吹水专	₌tɕ'yei	ˉɕyei	₌tɕyɛn	₌tʂ'uei	ˉsuei	₌tʂuan
	船说春	₌tɕ'yɛn	₌ɕyɜ	₌tɕ'yn	₌tʂ'uan	₌suo	₌tʂ'uən
	舜终冲	ɕyn²	₌tɕyəŋ	₌tɕ'yəŋ	suən²	₌tʂuŋ	₌tʂ'uŋ

例如，唐代诗人贾岛诗《寻隐者不遇》：

松下问童子，言师采药去。

只在此山中，云深不知处。

"去"与"处"同属去声御部，用普通话读韵音不谐，用太湖、望江、怀宁等地话读，"去""处"同音[tɕʻy]。诵读起来真可谓韵音和谐一致！

2.4皖西赣语的宿松话，把宕开三阳韵庄组字和江开二江韵庄组字，都读成开口洪音 aŋ 韵母。列 aŋ 韵常用字表如下：

声调	阴平22	阳平35	上声51	阴去21	阳去314
ts	庄桩木~装妆			壮	
tsʻ	疮	床	闯		状撞
s	霜双		爽		

这些字普通话都是读成合口呼 uaŋ 韵母的。那么，应该怎样看待宿松话对这些字的读音呢？请看他们在中古的读法和音韵特点：

"庄装妆"《广韵》宕摄平声阳韵，侧羊切，开口三等。

"桩"《集韵》江摄平声江韵，株江切，开口二等。

"壮"《广韵》宕摄去声漾韵，侧亮切，开口三等。

"疮"《广韵》宕摄平声阳韵，初良切，开口三等。

"窗"《广韵》江摄平声江韵，楚江切，开口二等。

"床"《广韵》宕摄平声阳韵，士庄切，开口三等。

"闯"《广韵》宕摄上声养韵，初两切，开口三等。

"创"《广韵》宕摄去声漾韵，初亮切，开口三等。

"状"《广韵》宕摄去声漾韵，锄亮切，开口三等。

"撞"《广韵》江摄去声绛韵，直绛切，开口二等。

"霜"《广韵》宕摄平声阳韵，色庄切，开口三等。

"爽"《广韵》宕摄上声养韵，疏两切，开口三等。

这些字在中古音里本为开口，今宿松话也读成开口。就这一点来说，它也是沿袭古音读法的现象。

2.5皖西赣语的岳西话和宿松话，还保存着次浊和清音声母的入声调。而普通话已没有单独的入声调类。古入声字在普通话里已全部读成舒声调类里去了。从这一点上看，皖西赣语中岳西、宿松话的声调比普通话保留的古音成分要多一些。例如，唐代著名文学家柳宗元的诗《江雪》，用这种方言诵读就很和谐：

　　　　千山鸟飞绝，万径人踪灭。

　　　　孤舟蓑笠翁，独钓寒江雪。

韵脚读"绝"[tɕ'iɛ³³]，"灭"[miɛ²¹³]，"雪"[ɕiɛ²¹³]。

再如，岳西话读io韵的入声字在普通话的分化情况：

岳西话入声韵		普 通 话 四 声			
		阴平	阳平	上声	去声
io	l				掠略(lüè)
	tɕ		觉感~角~色(jué)	脚(jiǎo)	
	tɕ'				雀鹊确却(què)
	ȵ				箬(ruò)虐(nüè)
	ɕ	削(xuē)			
	∅	约(yuē)			岳乐音~(yuè)药钥(yào)

三

3.1关于岳西话里三个常用单音词的本字问题。①哈[ˉxa²⁴]物差，次：~稀，~苔苔。②□[ˉk'uei²⁴]曲腿用膝盖抵压住某物：把小偷~在地上打。③□[ˉp'ən²⁴]脸型笨拙：大~脸。

根据这三个词的音韵地位和词的含义，我们认为：①"哈"即"下"字。因为"下"字在古代就有一种上声调的读法。《广韵》上声马韵："下"胡雅切。《玉篇》的释义为"后也，又贱也"。古义与今义相当。再如，《孙膑》："今以君之下驷与彼上驷"。这句话里的"下"就是形容词，是下等，低级的意思。其②□[ʿkʻuei²⁴]即"跪"字。因为"跪"古读为上声。《广韵》上声纸韵：跪，渠委切。《说文》释义"拜也"，《释名》解为"跪，危也，两膝隐地体危倪也"。古音古义与今音今义相当。再如，《礼记·曲礼上》："主人跪正席。"这句话中的"跪"就是动词，是两膝着地跪着的意思。其③□[ʿpʻən²⁴]即"笨"字。"笨"古音就是上声。《广韵》上声混韵：笨，蒲本切。愚蠢也。例如："笨头笨脑"，"那蠢笨身材"（《元曲选》）。这里的"笨"就是形容词，与今音今义吻合。

为什么这三个词的本字，一般人大都写不出呢？原因是这三个古上声字，在皖西赣语中通常已读成（演变成）阳去。实际上在这三个词里，它们却仍保存着古上声调的说法。

3.2 关于"完""皖""鸟""蹲"四个字的读音问题。皖西赣语的怀宁话把"完"[ɕuan]说成[ɕxon]（象似"桓"），把"皖"[ʿuan]说成[ʿxon]（象似"缓"）的声音。方言读音与普通话差别很大，这是怎么回事呢？请看下面的事实：

"完"《广韵》平声桓韵，胡官切，匣母。

"皖"《广韵》上声缓韵，胡管切，匣母。

从下面的对照表中可以看出，怀宁话至今还保存两个字的古为喉音声母的读法，因此怀宁话的读音是符合古音的。

例字	中古音	怀宁音	普通话音
完	胡官切	ɕxon	ɕuan
皖	胡管切	ʿxon	ʿuan

望江话把"打鱼鸟"（鱼鹰）这个词中的[ʿniau]说成[ʿtiau]，把"蹲下来"的"蹲"[ɕtuən]说成[ɕtsʻən]。两种读音差别这么大又是怎么回事呢？请看以下事实：

"鸟"《广韵》上声篠韵，都了切，端母。

"蹲"《广韵》平声魂韵，徂尊切，从母。

例字	中古音	望江音	普通话音
鸟	都了切	ᶜtiau	ᶜniau
蹲	徂尊切	ˌtsʻən	ˌtuən

通过对比可以看出，望江话至今仍保存着"鸟"的声母为 t（都）、"蹲"的声母为 tsʻ（徂）古音读法。

3.3 关于"松""产"二字的两种读音问题。"松"在普通话里只有一种 [soŋ⁵⁵] 的读音。可是在岳西话里"松"却有两种读音："蓬松""松软"等词中读成 [soŋ²¹]，在"松树""松子"等词中的"松"却是读成 [tsʻoŋ³⁵] 的。这是因为岳西话仍保存着古代汉语的"松"两种不同读音。请看以下事实：

其一，松（繁体作"鬆"）《广韵》平声、冬韵、心母，苏宗切，发乱貌。

其二，松《广韵》平声、钟韵、邪母，详容切，木也。

"产"在普通话也只有 [tʂan³⁵] 的读音。可是在岳西话里"产"却有两种读音：在"生产""产品""产业"等很多词中都读 [tsʻan³⁵]，唯独在"产妇"一词中读 [san²⁴]。这是怎么回事呢？请看"产"字在古代汉语中的读音情况："产"《广韵》上声、产韵、生母，所简切。《说文》生也。

因此我们可以看出岳西话把"产妇"一词中的"产"读成 [san²⁴] 是符合古音演变规律的。

3.4 关于"太湖"县的名称。谁都知道"太湖"是江苏南部的著名湖泊。而作为县名的"太湖"却位于安徽西南部大别山东南麓。这个位于山区的县名为什么叫"太湖"呢？其实，太湖县本该叫"大河县"，因为在太湖县城边就有一条贯穿县境并流向怀宁的大河（皖河）。这条河在太湖境内的一段，当地人皆称其"大河"。由于当地土话把"大"说成 [tʻai³³]，"河"说成 [xo⁵⁵]，外地人听起来很像 [tʻai⁵³xu³⁵]（太湖），根据当朝政务官员按音写字就出现了"太湖"县。其实土话把"大"读成 [tʻai³³] 并不是误读，它完全符合古音。《广韵》去声泰韵，"大"徒盖切。《广韵》"小大也，《说文》曰'天大地大人亦大，故大象人形'"。"大"和"太"不同就在声调上。"大"古为浊母阳去字，"太"古为清母阴去字。在太湖话中"大"和"太"的声调也不相同，"大"读阳去[t'ai^{33}]，"太"读阴去[t'ai^{35}]。太湖话"河"[xo^{55}]与"湖"[xu^{55}]的差别，在于两个字韵母口形的圆度上稍有不同。这大概就是将"河"错听成"湖"的缘故吧！殊不知，这一写错县名的历史性的错误，乃是由于方言隔阂和不了解古音造成的。

安徽方言概述

一

"安徽方言"不是单一系统的方言，而是多种方言系统的综合体。它既有官话方言，又有非官话方言。安徽的官话方言主要有中原官话和江淮官话。中原官话主要通用于淮北和沿淮以南的部分市县，江淮官话主要通用于江淮之间和沿江以南的部分市县。安徽方言中的非官话方言主要有赣语、吴语、徽语。赣语主要通用于皖西大别山南麓和沿江两岸的市县。吴语主要通用于沿江以南和黄山山脉以北以东的各市县。徽语主要通用于黄山山脉以南旧徽州府所辖地区。此外，还有在近百年来，先后成批迁徙定居我省南方的客籍人所说的客籍话。客籍话中有湖北人说的西南官话，有河南人说的中原官话，有湖南人说的湘语，也有为数较少的福建人说的闽语和客家话，还有从浙江迁徙皖南的畲族移民说的畲话。说西南官话的湖北人，大都集中居住在宁国、广德、郎溪、泾县、铜陵等县境内。说中原官话的河南人，大都集中居住在广德、郎溪等县内。皖南的闽方言，是指由浙江、福建等地移居宁国岩山一带，和散居在广德、郎溪、歙县等地的浙江、福建人所说的话。说湘语的湖南人，大都集中居住在南陵县境内。说客家方言的人，是指由闽西移居宁国岩山一带的福建人所说的话。畲话是宁国境内畲族人说的近似"客家话"的汉语方言。我省的畲民大都居住在宁国县东南部的畲乡。

二

皖北中原官话[①]　中原官话是现代汉语八个官话方言之一。安徽省淮北17个市县（不包括怀远城区话）和沿淮以南的凤阳、蚌埠市、寿县、霍丘、金寨（北部）等5市县的话，均属中原官话。

语音特征：

1.各地话大都将普通话开口呼零声母字，读成舌根浊擦音ɣ声母。例如，"安"读[ɣã²¹³]，"昂"读[ɣã⁵⁵]，"爱"读[ɣɛ⁵³]，"袄"读[ɣɔ²⁴]。

2.各地话n与l声母不混。例如，脑≠老，年≠连，怒≠路，女≠吕。

3.各地话韵母的元音韵尾大都丢失，鼻辅音韵尾大都变成鼻化韵母。例如，"买菜"说成[mɛ²⁴tsʻɛ⁵³]，"报销"说成[pɔ⁵³ɕiɔ²¹³]，"蓝天"说成[lã⁵⁵tʻiã²¹³]，"刚强"说成[kã²¹³tɕiã⁵⁵]。

4.各地话都是阴平、阳平、上声、去声四个声调。古清入和次浊入一般并入阴平，古全浊入大都并入阳平，古全浊上今音归去声。例如，失＝诗，袜＝蛙，食＝时，是＝世视。

5.各地话都没有把"知绸招唱声"等古知章组三等韵的字读成tɕ、tɕʻ、ɕ声母的情况；没有将成批的"家敲学"等古见晓组开口二等韵的字读成k、kʻ、x声母的情况。

6.将古全浊声母全部读成清音声母。今读塞音、塞擦音声母时，跟普通话一样，也是古平声字读成送气声母，古仄声字读成不送气声母。例如：袍pʻ≠暴p，桃tʻ≠稻t，葵kʻ≠柜k，求tɕʻ≠旧tɕ，才tsʻ≠在ts，肠tʂʻ（或tsʻ）≠丈tʂ（或ts）。

词语特征：

1.在亲属称谓上较特殊的叫法：祖父大多面称"爷"（这与皖中江淮话和徽语的叫法相反，这些话里"爷"多称父亲或父辈的兄弟们），祖母面呼奶[nɛ²⁴]或[ˈnɛ²⁴]，与表示乳房意思的"奶"有分别；呼父亲为"爹"或

---

①为了称说的简便，文中有时也说成"皖北官话"或"皖北话"。

"箸"（音"达"），母亲大都呼"娘"；外祖父呼"老·爷"或"外老·爷"，外祖母叫"姥"或"姥·娘"，舅母呼"妗·子"。

2.在人体、疾病方面说法特殊的词：额头叫做"额脑头子"，脖子叫"脖梗子"或"脖脑梗子"，指甲叫做"指甲盖子"（指读阴平）；生病大都采用避讳的说法，说"不伸·坦"（伸读抻）、"不郁·着"、"不舒·坦"（舒音出）、"不得劲"等，发疟疾说成"打老瘴""发疟子"。

3.有特点的食品名称：大米饭叫"干·饭"（其他方言区叫"饭"），面粉叫做"面"，面条儿叫做"汤"，擀面条儿说成"擀汤"，饺子叫"扁·食"，把包饺子说成"包汤"或"捏扁·食"。

4.动物、植物的特殊叫法：鸭子叫"扁嘴子"，麻雀叫"小小·翀儿"或"老雀子"，结网的蜘蛛叫"蛛蛛子"或"罗·罗蛛"，蚯蚓叫"蛐·蟮"，母牛叫"牸牛"（牸音四），玉米叫"玉秫·秫""油秫·秫"或"大芦·秫"，南瓜叫"倭·瓜"。

5.时间词"今天、明天、后天、昨天、前天"分别说成"今（儿）个、明（儿）个、后（儿）个、夜（儿）个、前（儿）个"，去年说成"年·时个"。

6.人称代词中都有包括式"咱·们"，还有表现亲密感情的"俺"和"俺·们"。疑问词"什么"说成"啥"（～东西），"怎么"说成"咋"（～弄的）。

7.具有地方特色的常用动词和形容词："撞"说成"石"$[ʂʅ^{55}]$，如，一头～到南墙上。"扔、丢掉"说成"板"$[pã^{24}]$，如，把它～掉吧！请吃喝说成"厚"$[xou^{53}]$，如，俺帮你搬家，你咋～俺？"借"说成"磨"$[mo^{53}]$，如，～几个钱给俺。"舂、砸"说成"攉"$[tɕ'yo^{213}]$，如，～蒜；坑害也说"攉"，他把我～的不能混。"禽产卵"说成"婏"$[fã^{53}]$，如，天热，鸡也不～蛋了。"肉"$[ʐou^{53}]$具有动作慢意思。如，她做事～得不得了。瓜果食物中含纤维少说成"面"$[miã^{53}]$，如，老倭瓜～的好吃；它还可以比喻人的性格憨厚，如，他的外号叫老～。"尖"$[tɕiã^{213}]$，具有小气、吝啬的意思。如，真是越有越～。"瓤"$[ʐã^{55}]$具有软、弱的意思。如，面和～了。这孩子底子就～！"转"[tʂuã⁵³]具有调皮、诙谐的意思。如，这孩子真～。

话语特征：

1.我知不道，他也知不道。

2.我连吆唤是吆唤，他都走得不见影儿喽。

3.小杨早就杠家了。小杨早就家走了。小杨早就走家了。

4.你瞎摆乎啥瞎摆乎?!

5.天咋还下下下的，咋办哪?

6.小小的年纪，嘴会讲得很得很哟!

7.你可见着俺爷没?

8.天又下将起来了。她又哭将起来了。

9.她哭子细讲之细。

皖中江淮官话① 江淮官话是现代汉语八个官话方言之一。安徽省的江淮官话区，包括淮北的怀远县城区，江淮之间的淮南市、合肥市、滁县、六安、巢湖、安庆等21个县市，以及沿江以南的贵池、铜陵市市区、芜湖市、宣城、马鞍山市等11个市县。

语音特征：

1.除怀远、定远、淮南市之外，各地话n与l声母不分。例如：脑＝老、年＝连、怒＝路、女＝旅。

2.古全浊声母字今皖中话也读清音声母。今读塞音和塞擦音声母的字，也是平声为送气音，仄声为不送气音。

3.各地话都有ən与əŋ、in与iŋ韵母不分的现象。例如：根＝庚、深身＝升声、金民＝京明。

4.各地话都是5个声调：阴平、阳平、上声、去声、入声。古全浊上

---

①为了述说的简便，文中有时把"皖中江淮官话"说成"皖中江淮话"、"皖中话"或"江淮话"。

声字今音归去声。例如：高低天三（阴平）、平唐龙人（阳平）、古走老米（上声）、坐父放菜大帽（去声）、说笔竹墨拔白（入声）。

词语特征：

1.有特点的称谓词：祖父大都称"爹·爹"，祖母呼"奶·奶"（奶读阴平）。"奶·奶"说成上声调时，多指"老太婆"，在含山、桐城、庐江、贵池等地也可以指称"妻子"。外祖父、外祖母大都呼成家公（或"家公爹·爹"）、家婆（或"家婆奶·奶"）。姑母称"姥·姥"（或"姑姥"）。

2.人体生理方面的特殊说法：舌头叫做"舌条"，左手和右手说成"反手""顺手"，腿俗说"胯子"。"生病"大都说成"不好过""不快活""不自在"，"逝世"婉词说成"走了"，老人逝世说"老之"。

3.用具、物品的特殊叫法：自行车叫"钢丝车"（或"脚踏车"），哨子叫"叫子"或"叫居子"，糨糊叫"面糊"，提水桶叫做"提榥子"，围裙称为"围腰子"，衣袋儿叫"荷包"，铝勺儿叫做"挑子"。

4.有些食品名称叫法较特殊：大米饭说成"饭"，面粉叫做"灰面"或"干面"，面条儿大都说成"面"，"馄饨"和"饺子"分不清，各地大都叫"饺子"。名为香油实指菜子油，把禽畜凝结了的血叫"血盅"或"盅子"（盅读晃）。

5.动物、植物的特殊名称：鸭子叫鸭，阉鸡叫"镟鸡"或"㩒鸡"（㩒音线），蝙蝠叫"盐老鼠"或"檐老鼠"，乌鸦叫"老哇子"，辣椒叫"大椒"，玉米叫"六谷子"，高粱叫"芦秫"或"芦稷"。

6.人称代词中包括对方在内的说法通常是"我两个"或"我们两个"，不用"咱"或"咱们"的说法。

7.有地方特点的常用动词：拧毛巾说成"扭手巾"（扭音肘），堵塞说"堲" [tsuʔ⁵]，～老鼠洞。向上爬说成"猴" [xəu⁵⁵]，～到树上去了。"候" [xəu²⁴]有等候的意思，如，再～他半个钟头。"捋" [lõ³⁵]有把禽畜驱聚在一起的意思。如，帮我把鸡～进笼里去。家禽产卵说成"生" [sən⁵³]如，鸡～蛋，开玩笑说成"逗猴" [tɯ⁵³xɯ⁵⁵]。

8.方言特色较浓的常用形容词："厚"[xən⁵³]具有稠、浓度大的意思。如，粥太~之。"溁"[ɕiɔ³¹]（或"涝"）具有稀、浓度小的意思。如，粥太~了。"帤"[tsã⁵⁵]美好的意思。如，这个东西真~!小孩子顽皮说成"踾"[fei⁵³]，如，这孩子真~!"韶"[ʂɔ⁵⁵]可以形容爱表现、喜欢在人前多言。如，这丫头最~!形容人吝啬、小气用"抠"[kʻəu³¹]或"嗇"[sei³¹]如，这个人太~!说人家无用、无能常用"不顶龙"，形容人愚笨不用脑子为"木骨"，形容人心情郁闷烦躁，常说"恶心烦躁"（恶音务），"烧"或"烧包"大都形容男子"骄傲"的表现，"癫狂"通常用来形容"狂妄自大"的样子。"乌漆麻黑"或"黑漆麻乌"都是形容暗的常用词。

话语特征：

1.小王在家看电视在。

2.小王看电视在。 小王在看电视在。

3.电视开之在。 电灯亮之在。

4.小英子把婆家了。

5.把报纸递把我。 把五块钱把他。

6.小华家去了。 小华赵家了。

7.笋子老很之。 要想之讲、不要抢之讲。 懒之要死。 痒之要命。

皖西赣语 赣语是现代汉语十大方言之一。安徽省的赣语主要指通用于皖西大别山南麓和沿江两岸的岳西、潜山、太湖、宿松、望江、怀宁、东至、贵池市西部及东南角等8个市县的方言。当地人传说，他们的祖先，大概是在明初由江西省的"瓦西坝"成批迁徙此地定居的。

语音特征：

1.读送气声母的字比普通话多。不仅"婆桃葵才墙勤祥从"等字读送气声母，下面这些普通话读不送气声母的字，方言也读成送气声母。例如：步pʻ、稻tʻ、共kʻ、在tsʻ、匠tɕʻ、近tɕʻ、像tɕʻ、松（~树）tsʻ。

2.tʂ组声母拼合口呼韵母字与tɕ组声母拼撮口呼韵母字混同。例如：

肫＝军、除＝渠、拴＝宣。

3.各地话把普通话的一部分tɕ、tɕ‘、ɕ和零声母拼齐齿呼韵母字，读成k、k‘、x、ŋ声母拼开口呼韵母。例如："街"读成"该"，"敲"读成"尻"，"眼"读成"俺"，"瞎"读成"哈"。

4.各地话都把"坛（～子）肝看（～伢）汗"和"团官宽换"等普通话读an、uan韵母的字，读成on韵母。

5.各地话ən与əŋ、in与iŋ韵母混同。例如：更生＝根深、经营＝金银。

词语特征：

1.有地方特点的称谓词：指称岳父、岳母为"外父""外母"，妻子称"堂客"，男子汉称"老爹"，已婚妇女称"奶·奶"（奶读上声），指称妻子也叫"奶·奶"，"老"是对老者的尊称，"妹"或"奀"[nɛ^{35}]都是长辈对下辈的爱称，小孩儿和孩子都称为"伢"。

2.人体和生理方面的特殊词：口水说"口瀺"，鼻涕叫"鼻脓"，右手和左手叫"顺手""反手"，手掌和脚掌叫"手板""脚板"，膝盖叫"色罗坡"，指甲叫"指嵌壳"，拉屎说"屙液"，生病说"过不得"，人死了委婉地说"走着"，生孩子说"看伢"。

3.有些动、植物的叫法也很特别：肉猪叫做"香猪"，公鸡、母鸡叫"鸡公""鸡母"（母音猫），黄鼠狼叫"黄机灵"，狐狸叫"毛狗"，蝴蝶叫"杨叶"，萤火虫叫"亮火虫"。丝瓜叫"网瓜"（网音莽），桔子叫"桔红"，荸荠叫"土栗子"。

4.有些食品的名称很特别：把各种面粉制成的饼叫"粑"，"饭"指大米饭。猪舌头有的叫"口心"，有的叫"赚头"。猪耳朵叫"顺风"，"水饺"是指馄饨，面粉叫"灰面粉"。此外，夹菜说"搛菜"，小孩吃奶叫"喝奶"，晚饭叫"夜饭"，等着吃说"候吃"（候读吼）。

5.有特色的物品和用具名称："簟子"是竹编的席子，绳子叫"索"，牙刷叫"牙帚"，刨子叫"推刨"，晒谷物等筛状平底竹器叫"箈篮""晒筐"[꜀tɕ‘iaŋ]，锄头叫"撼锄"，锄草也讲"撼草"（撼音缓），墨叫"黑墨子"，砚台叫"砚池"，妇女用的马桶叫"马子桶"或"子孙桶"。

6.较特殊的指代词语：方位指代词分成近指"得的"、中指"嗯的"（嗯读ŋ）、远指说"喂的"；什么说"么事"，有多少说成"有几多"，怎么办说"索何搞"；复数人称代词说成"我几"或"我者"、"尔几"或"尔者"、"佢几"或"佢者"，什么地方说成"么处块"。

7.具有特点的动词："搞着"就是拿着，站着说成"徛着"（徛音起），玩耍说成"戏"，折弯说成"拗"（音努），藏起来说成"园起来"，结扎或说拴系说成"缔"，发抖、打颤说"打忔忔"，没有人说成"莫得人"，拧说成"捩"，吵嘴说"讲口"，打架说"角孽"，浇水、上粪说"㳠水""㳠粪"。

8.有地方特点的形容词：待人和气、关系友好说成"莫逆"，关系不好、不和睦说成"忤逆"，"作孽"在各地话里都有可怜的意思。肮脏、邋遢说成"赖汰"或"赖赖"，头脑不清说成"混沌"，小孩子聪明说成"灵泛"，小孩愚笨说成"木"或"木骨"，女人贤惠说成"停当"，女人不贤惠说成"懂答"。

话语特征：

1.佢的戒指落脱着，哭得不歇。

2.伢把碗打脱着，莫得碗吃饭着。

3.把本书我。　把五块钱我。

4.佢欢喜尔的死。

5.我长佢一头。　牛大似猪。

6.我挑担子挑佢不经。

7.佢的男人凶得不能。

8.风来着，雨来着，和尚背着鼓来着，媳妇搞着火来着。

皖南宣州吴语[①]　吴语是现代汉语的十大方言之一。安徽省的吴语主要

①为了述说简便，文中有时把"皖南宣州吴语"说成"皖南吴语"。

分布在黄山山脉以北和以东的14个县市范围内。其中太平、泾县、石埭、铜陵、繁昌、南陵、芜湖县等地吴语的通用面较广,其他县市中的吴语通行面较小。

语音特征:

1.皖南吴语受官话的影响很大,内部出现了不少差异。但是,它们仍保存着吴语的基本特征。即古全浊声母今音仍自成一类,与古全清、次清声母读音不同。保存着"帮滂并""端透定""见溪群"三分的读音特点。例如:拜≠派≠败,戴≠太≠代,桂≠溃≠柜。

2.古全浊声母在皖南吴语中,已出现不同程度的蜕变现象。这种蜕变现象的明显特点是,"塞音擦化""浊音清化""送气强化"。

3.各地话都有 ən 与 əŋ、in 与 iŋ 韵母读音混同的情况。例如:针真=蒸征,林邻=陵灵,根跟=庚耕。

词语特征:

1.自然、天时方面较特殊的词语:把下降的意思说成"落",如,落雨、落雪、落雾露、落露水、落霜。云说成"云张",淋雨说成"沰雨"(沰音掇)。今天、明天、后天说成"今朝"(今音跟),"明朝"(明音门)、"后朝"。垃圾说成"勒色",泥巴说成"淖泥巴"。

2.植物名称的特殊说法:茄子叫"落苏",南瓜叫做"北瓜",菠菜叫"甜菜",面粉叫"灰面",高粱叫"芦稷",玉米叫"包芦"或"六谷",荸荠叫"荠子",辣椒叫"辣胡椒",植物的叶子叫"叶板",植物的干叫"稭子"。

3.生活物品的特殊名称:面条儿叫"面",线面叫"索面",馄饨和饺子不分,大都称做"饺子",开水叫"滚水",蜂蜜叫"蜜糖",斗笠叫"箬帽",围巾叫"围领",楼梯叫"阁梯",堂屋叫"堂前",东西说"物得",桌子叫"台子",竹席子叫"簟子"。

4.人体、生理方面的特征词:手脖、脚脖叫"手颈、脚颈",狐臭说"狐狸臊",口水说"瀺吐",跛足说"脚子",恶心说"疲胃",病了说"不好过""不自在",干活停下来休息说"歇晌",舒服说"快活",害怕说"嚇煞"。

5.人品和称谓方面的词：称父亲为"箸箸"或"嗲嗲"（嗲音[ʮtia]），伯父称"大箸箸"或"大嗲嗲"，小叔叔称"小箸箸"或"小嗲嗲"，姑父、姨父也称"姑箸箸""姨箸箸"或"姑嗲嗲""姨嗲嗲"，呼母亲为"姆妈"（姆读[m]），外祖父、外祖母呼"家爹爹""家奶奶"（奶读阴平），舅舅称"娘舅"或"母舅"，儿媳称"新妇"，小男孩称"小把戏"。

6.指代方面的词：我、你、他大都说"阿""尔"（音[ʮŋ]）"佢"，复数式也不用"们"表示。做什么说成"做么"，什么东西说成"么物事"，这里、那里的说法也很特殊，近指有"格里""以里""以算"，远指有"贵里""沟里""碍算"等。

7.形容描述方面的词：长得漂亮说"标致"，反之却说"丑死咯"。聪明说"精明"，蠢笨说"拙孽"，懒惰通常委婉地说"身子重"，勤快也委婉地说"身子轻"。为人小气说"小气巴巴"，反之说"大气"。谦虚说"小意"，骄傲说"癫狂"。"澡"（音消）可指浓度小也可指厚度薄，"厚"可说厚度厚，也可称浓度大。

8.行为动作方面的词：鼻子闻说"嗅"（音讧），伸手够取物件说"摿"（音洼），背、扛说"佗"，晒衣服说"眼衣裳"，站立说"倚"（音起），罩住或盖上说"龏"（音坎），大声喊叫说"清（禽）唏鬼叫"，藏起来说"园起来"，玩耍说"猎"或"嬉"。取笑人说"诮驳"，捣鬼说"促狭"。"吃"的意义很丰富，可以说"吃饭、吃茶、吃酒、吃烟、吃奶"等。

话语特征：

1.蚕眠咯。　鞋小咯。

2.讲咯讲咯笑起来咯。

3.讲咯一遍，又讲咯一遍。

4.电影我看咯留。

5.我老咯留，头毛白咯留！

6.把五块钱把我。

7.我先去家看看看，回头再去合肥，格中？

皖南徽语　徽语是现代汉语中新近被确定的十大方言区之一。皖南徽语主要指歙县、绩溪、旌德、屯溪、休宁、黟县、祁门、宁国（南部鸿门乡等地）、东至（东南部木塔一带）、石台（占大区）等地的方言。

语音特征：

1.古全浊声母在皖南徽语中一律清音化，今读塞音、塞擦音声母的字大都送气。例如：

	歙县	绩溪	旌德	屯溪	休宁	黟县	祁门
白	p'ɛ	p'ɔʔ	p'eʔ	p'a	p'a	p'a	p'a
道	t'ɔ	t'ə	t'ɔʔ	t'ə	t'ə	t'əɐ̆	t'ɔ
跪	k'ue	k'uei	k'uɪ	tɕ'y	tɕ'y	tɕ'yɛi	tɕ'y
财	ts'ɛ	ts'æ	ts'a	ts'ə	ts'ɔ	tɕ'yɯu	ts'a
坐	ts'ɷ	ts'ɵ	ts'u	ts'o	ts'o	tʃ'au	ts'ɯɐ̆
茶	ts'a	ts'ɔ	ts'ɔ	ts'ɔ	ts'ɔ	tʃ'əɐ̆	tʂ'ɯɐ̆
丈	tɕ'ia	tɕ'io	tɕ'iæ	tɕ'iau	tɕ'iau	tɕ'iŋ	tʂ'ɔ

2.章组字和知组三等字（除通摄外），今音大都读 tɕ、tɕ'、ɕ 声母。例如：

	歙县	绩溪	旌德	屯溪	休宁	黟县	祁门
张	tɕia	tɕiõ	tɕiæ	tɕiau	tɕiau	tɕiŋ	tɕiɔ̃
潮	tɕiɔ	tɕie	tɕiɔ	tɕiɔ	tɕ'iɔ	tɕ'iu	tʂ'ɯɐ̆
除	tɕ'y	tɕ'y	tɕ'y	tɕ'y	tɕ'y	ts'u	ts'y
章	tɕia	tɕiõ	tso	tɕiau	tɕiau	tɕiŋ	tʂɔ̃
春	tɕ'yʌ̃	tɕ'yã	tɕ'iŋ	tɕ'yan	tɕ'yæn	tʃ'u	tɕ'yæn
善	ɕye	ɕyɛi	ɕi	ɕiɛ	ɕia	ʃiɐ̆	ɕiɐ̆

3.古影母字今读开口洪音韵时，大都读成 ŋ 声母字。例如：

	歙县	绩溪	旌德	屯溪	休宁	黟县	祁门
哑	ŋa	ŋɔ	ŋɔ	ŋɔ	ŋɔ	əɐ̆	ŋɯɐ̆
矮	ŋa	ŋɔ	ŋa	ŋa	ŋa	ŋa	ŋa

袄	⌐ŋɔ	⌐ŋə	⌐ɕɔ	⌐ŋə	⌐ŋə	⌐ŋəɤ̆	⌐ɕɔ
庵	⌐ŋɛ	⌐ŋã	⌐ŋe	⌐ŋɛ	⌐ŋa	⌐uaŋ	⌐ɕɔ̃
鸭	ŋaʔ⌐	ŋɔʔ⌐	ŋaʔ⌐	ŋɔʔ⌐	ŋɔ⌐	ŋɔ̆ʔ⌐	ŋɯ̆ʔ⌐
安	⌐ŋɛ	⌐ŋã	⌐ŋe	⌐ɐu̯	⌐ɐu̯	⌐ɐu̯	⌐ɕɔ̃
晏	ŋɛ²	ŋɔ²	⌐ŋæ	ŋɔ²	ŋa²	ɔɐ̆²	ŋɔ̃²
恩	⌐ŋʌ̃	⌐ŋã	⌐ŋe	⌐ŋɛ	⌐ŋa	⌐uaŋ	⌐ɐ̯æ̃

4.古日母字今音大都读成n或ȵ声母，少数字读成Ø声母。例如：

	歙县	绩溪	旌德	屯溪	休宁	黟县	祁门
绕	⌐ȵiɔ	⌐ȵie	⌐ȵiɔ	⌐ȵio	⌐ȵio	⌐ȵiu	⌐ɯ̆
软	⌐ne	⌐ȵyɛ̃i	⌐ȵi	⌐ȵyɐ̆	⌐ȵyɐ̆	⌐ȵyɐ̆	⌐ȵỹɐ̆
让	nia²	io²	ȵiæʔ⌐	ȵiau²	ȵiau²	ȵiŋʔ⌐	ȵiɔ̃²
认	niʌ̃²	ȵiã²	ȵiŋʔ⌐	ȵin²	ȵin	ȵiɛ̆²	iæn²
日	ni²	ȵieʔ⌐	ȵiʔ⌐	⌐ȵie	⌐ȵie	⌐ɐ̆²	ȵi¹
热	ne²	ȵiæʔ⌐	ȵiʔ⌐	⌐ȵia	ȵiɐ̆²	⌐ɐ̆²	ȵie²
肉	niɯ²	ȵyeʔ⌐	ȵiuʔ⌐	⌐ȵiu	ȵiɘu⌐	ȵiau	ȵie²

5.阳声韵除通摄字之外，在皖南徽语中已不同程度地出现转化为阴声韵的现象。其中咸、山两摄的阳声韵转化得最快，宕、江摄次之。例如：

	歙县	绩溪	旌德	屯溪	休宁	黟县	祁门
胆	⌐tɛ	⌐tɔ	⌐tæ	⌐tɔ	⌐tɔ	⌐tɔ̆	⌐tɔ̃
三	⌐sɛ	⌐sɔ	⌐sæ	⌐sɔ	⌐sɔ	⌐sɔ̆	⌐sɔ̃
闪	⌐ɕie	⌐ɕyɛ̃i	⌐ɕyɪ	⌐ɕiɐ̆	⌐ɕia	⌐ɕiɐ̆	⌐tʂʻiɐ̆
含	⌐xɛ	⌐xɔ	⌐xæ	⌐xuɐ̆	⌐xɔ	⌐xɔ̆	⌐xɔ̃
盘	⌐pʻɯ	⌐pʻã	⌐pʻe	pʻɐu̯	pʻɐu̯	⌐ɔ̆pʻ	⌐pʻũɐ̆
线	se²	sɛ̃i²	⌐ɕi	siɐ̆²	siɐ̆²	siɐ̆²	sĩɐ̆²
扇	ɕye²	ɕyɛ̃i²	⌐sui	ɕiɐ̆²	ɕia²	siɐ̆²	ɕĩɐ̆²
间	⌐kɛ	⌐kã	⌐kæ	⌐kɔ	⌐kɔ	⌐kɔ̆	⌐kɔ̃
官	⌐kuɛ	⌐kuɔ	⌐kue	⌐kuɐ̆	⌐kuɐ̆	⌐kuɐ̆	⌐kũɐ̆
砖	⌐tɕye	⌐tɕyɛ̃i	⌐tɕyɪ	⌐tɕyɐ̆	⌐tɕyɐ̆	⌐tɕyɐ̆	⌐tɕỹɐ̆
县	ɕie²	ɕir²	ɕiʔ⌐	yɐ̆²	⌐yɐ̆	yɐ̆ʔ⌐	ɕĩɐ̆²

网	ｃω	ｃmõ	ｃmo	ｃmau	ｃmau	ｃmɔŋ	ŋũɐ̌
党	ｃta	ｃtõ	ｃto	ｃtau	ｃtau	ｃtɔŋ	ｃtɔ̃
黄	ｃω	ｃxõ	ｃxo	xau²	xau²	ｃŋɔ	xũɐ̌²
帮	ｃpω	ｃpõ	ｃpo	ｃpau	ｃpau	ｃpɔŋ	pũɐ̌
双	ｃsω	ｃsõ	ｃso	ｃsau	ｃsau	ｃsɔŋ	sũɐ̌
江	ｃka	ｃkõ	ｃkõ	ｃkau	ｃkau	ｃkɔŋ	kɔ̃

6.皖南徽语的调类虽然很不一致，但是平、去两声，都按其古声母的清浊，分化为不同的类别。例如：

	歙县	绩溪	旌德	屯溪	休宁	黟县	祁门
东	tʌ̃³²	tã³¹	təŋ³⁵	tan³³	tæn³³	taŋ³¹	teŋ¹¹
同	t'ʌ̃⁴⁴	tã³¹	t'əŋ⁴²	t'an⁴²	t'æn⁵⁵	t'aŋ⁴⁴	t'eŋ⁵⁵
冻	tʌ̃³²⁴	tã³⁵	təŋ²¹³	tan⁴²	tæn⁵⁵	taŋ³²⁴	teŋ²¹³
洞	tʌ̃³³	t'ã³³	t'əŋʔ⁵⁵	tan²¹³	tæn³³	taŋʔ³²	t'eŋ³³

词语特征：

1.天文、地理方面的词：星星说成"天星"，旋风说成"鬼风"或"鬼头风"，刮风说成"发风"，天亮、早晨说成"天光"；开裂说成"开坼"，山巅、山梁叫做"山垄"（音杠）、田畔村头的小水沟叫做"水圳"，袒露地面的巨石叫做"石坽"。

2.动物、植物方面的词：玉米叫"包芦"，高粱叫"芦稷"，南瓜叫"布（菩）瓜"，浮萍叫"藻"，梨子叫"雪梨"，山核桃叫"山核"；黄鼠狼叫"黄鼬"，黄犍牛叫"黄牯"，黄母牛叫"黄牛婆"，种公猪叫"猪斗"，生仔母猪叫"猪婆"；公鸡、母鸡叫"鸡公、鸡母"，蟾蜍叫"癞疙宝"，蟑螂叫"蟑油虫"。

3.食物、用具方面的词：烫饭叫"炸饭"（炸音[sa³³]）、晚饭叫"夜饭"，面条叫"面"，饼叫"粿"，例如"包芦粿""菜粿""豆沙粿"。把树根、菜根叫做"树不""菜不"（"不"读[teʔ]）。东西叫"物事"，靠椅叫"交椅"，竹席叫"困簟"，粗绳叫"索"，挑担时用以支撑的木棒叫"打杵"，晾晒衣服的竹竿叫"筊竿"，竹编大匾子形状的晒具叫"盛筐"（筐音腔）。

4.社会交往方面的词语：玩耍说"嬉"，帮助说"帮衬"，吵嘴说"相争"，节省说"做人家"，送礼说"担恭喜"，道歉说"陪小心"，讲故事说"讲古典"，亲吻说"嗅嘴"，买中药说"点药"，演戏说"做戏"。

5.人体、生理方面的词语：小臂叫"手杆"，手掌叫"手板"，手心叫"手板心"；小腿叫"脚杆"，腿肚儿叫"脚肚"，膝盖叫"脚膝头"，跛足说成"跳脚"；口水叫"口灒水"，打瞌睡说成"春眠"，拉屎、撒尿说成"摒屎、摒尿"。

6.称谓方面的词：呼祖父为"朝"或"朝奉"，称伯父、叔父为"伯爷、叔爷"，称丈夫为"老公"，称妻子或老年妇女为"老妪"，儿媳叫"新妇"，男子汉称"官客"，妇女称"堂客"，新娘子叫"新人"，呼父为"相"。

7.人称代词方面：单数三称的说法是"我"（音阿）、"尔"（音[ᶜŋ]）、"佢"（音[ₑti]或[ₑke]），复数三称的说法多数是"我人""尔人""佢人"。

8.动作、描述方面的词：拿说"担"，端饭碗说"抝饭碗"，推搡说成"抝"，穿衣裳说"着衣裳"，砸和捶都说"春"，将身子趴下说"匍下来"，收藏说"囥起来"，站立和倚靠着说"隑"，烤火说"焙火"，折断说成"拥断"，宽窄说成"阔""狭"，"薄"可以表示不浓和不厚的意思，"硬"还可以表示浓的意思。歪斜说成"笪"，很干说成"嘈燥"，差、次、孬都说"下"（下读哈），吝啬说成"小毛""吃小米"，小孩能干说"有干"，可怜说成"伤阴骘"。

话语特征：

1.佢吃哩饭喽，尔吃饭不曾？（他吃了饭了，你吃饭没有吃？）

2.手洗洗干净再吃饭。（手洗干净了再吃饭。）

3.我吃吃饭再去。（我吃了饭再去。）

4.劳劳动身体要好点。（劳动劳动对身体有好处。）

5.担钮解下来。（把扣子解开。）

6.再嬉一日添喱。（再玩一天嘛!）

7.尔坐一下起，我马上就来。（你先坐一会儿，我马上就来。）

三

1.普通话读tɕ、tɕʻ、ɕ声母的字，在安徽方言中的读音有四种情况：

（1）普通话tɕ、tɕʻ、ɕ声母拼齐齿呼韵母的一部分字（中古见、晓组开口二等字），如："家街、敲掐、下鞋"等，在淮北及淮河以南的部分地区也读tɕ、tɕʻ、ɕ声母。在长江两岸和皖西、皖南等市、县的方言里，大都把这部分字读成k、kʻ、x声母，相应地也把齐齿呼韵母改读为开口呼韵母。例如，芜湖市话"家"读[ka³¹]，"敲"读[kʻɔ³¹]，"鞋"读[xɛ³⁵]。

（2）普通话tɕ、tɕʻ、ɕ声母拼撮口呼韵母的一部分字，安徽大部分地区也读tɕ、tɕʻ、ɕ声母。但宁国、岳西、潜山、桐城等方言却读tʂ、tʂʻ、ʂ声母，相应地也把撮口呼韵母读成了ʮ韵母或ʮ介音的韵母。例如，桐城话"捐"读[tʂʮan]，"群"读[tʂʻʮən]，"虚"读[ʂʮ]。

（3）普通话tɕ、tɕʻ、ɕ声母拼i韵母的一部分字（古入声字除外），安徽大部分地区也读tɕ、tɕʻ、ɕ声母。但皖中的合肥市、肥东、肥西、舒城、皖南的绩溪、旌德等地读成ts、tsʻ、s声母，韵母也相应地读成了ɹ。例如，合肥话"鸡"读[tsɹ]，"旗"读[tsʻɹ]，"喜"读[sɹ]。

（4）"精、酒、钱、秋、小、修"等古尖音字，安徽大部分地区跟普通话一样，也读tɕ、tɕʻ、ɕ声母。但在涡阳、阜阳老派、临泉老派、繁昌、歙县等少数地方话里读成ts、tsʻ、s声母。例如，涡阳话"酒"读[tsiəu]，"秋"读[tsʻiəu]，"小"读[siɔ]。

2.普通话tʂ、tʂʻ、ʂ声母的字，在安徽方言里的读音有以下三种情况：

（1）皖中和皖西的多数方言把普通话中一部分tʂ、tʂʻ、ʂ声母（来自古庄组的部分）字，读成ts、tsʻ、s声母。例如，合肥市话"皱、争"读ts，"初、愁"读tsʻ，"师、生"读s。

（2）沿淮和沿江的大部分市县方言，有ts组声母与tʂ组声母不分的情况，都读成了ts、tsʻ、s。例如，蚌埠市、芜湖市话知＝资，巢＝曹，山

=三。

（3）皖南和皖西的大部分市县方言，把普通话tʂ组声母的字，分别读成ts、tsʻ、s和tɕ、tɕʻ、ɕ声母。例如，歙县话"之"读[ˌtsʅ]，"知"读[ˌtɕi]，"窗"读[ˌtsʻɷ]，"车"读[ˌtɕʻia]，"梳"读[ˌsu]，"收"读[ˌɕiɷ]。

3.中古"並""定""群"等全浊塞音声母的字，普通话都读成清塞音声母，平声送气，仄声不送气。例如，"婆""步"都是並母字，普通话"婆"的声母是pʻ，"步"的声母是p。安徽大部分地区的话也是这样。少数市县话跟普通话不一样，有两种情况：

（1）皖西赣语和皖南徽语，将这些古全浊声母的字不分平仄，大都读成送气的清塞音声母。例如，潜山话和歙县话"婆""步"都读pʻ声母，"提""笛"都读tʻ声母，"葵""柜"都读kʻ声母。

（2）皖南吴语仍保持着古全浊声母字的独立的声类。有的话仍读浊塞音，有的话读成先清后浊音。例如，太平话"败""皮"的声母是全浊塞音b，"途""度"的声母是全浊塞音d，"葵""穷"的声母是全浊塞音g；芜湖县老派话"皮""白"读成先清后浊的擦音ɸɦ声母，"桃""大"读成先清后浊的擦音ɣh声母，"葵""柜"读成先清后浊的擦音xɦ声母，"虫""穷"读成先清后浊的擦音ʂɦ声母。

4.普通话里"脑""怒""年""女"等字跟"老""路""连""吕"等字的声母是不同的，前一组是鼻音n，后一组是边音l。皖北中原官话、皖西赣语跟普通话一样，鼻音声母和边音声母的字分别清楚。皖中江淮官话和皖南宣州吴语的少数方言跟普通话不一样，这两个声母彼此没有分别字音的作用。多数市县n、l随便读，少数市县全读n或l，总之是n与l不分。例如，合肥市话和芜湖市话都分不清"脑"与"老"、"怒"与"路"、"年"与"连"、"女"与"吕"等字的声母，但两者的情况却有不同，合肥话把这些字大都读成l声母，芜湖话习惯把"脑""老""怒""路"读成l声母，习惯把"年""连""女""吕"读成n声母。

5.普通话"夫""匪""方"等字读f声母，"出""水""双"等字读ʂ声母。安徽大部分地区的读音跟普通话一样，唯有皖北中原官话的涡阳、临泉、阜阳、界首、亳县等市县的部分地区，才把普通话读ʂ声母跟合口呼韵母相拼的字读成 f 声母。例如，涡阳话把"书"读成"夫"[ˌfu]，把"水"读成"匪"[ˈfɤ]，把"双"读成"方"[ˌfɑ̃]。

6. 普通话"夫"与"呼"、"飞"与"灰"、"分"与"婚"读音分得很清楚。皖中和皖西话跟普通话一样，也分得很清楚。但是寿县、凤台、淮南市、泾县、石台、旌德、太平等地的话，以及广德、宁国两县乡间的湖北话，都有 f 与 x 不分的情况。这些地方一般把 f 声母字读成 x 声母（拼合口呼韵母），也有把 x 声母（拼合口呼韵母）的字读成 f 声母（拼开口韵）的，也有把 f、x 声母的字随便读的。

7. 普通话 ʐ 声母字，在安徽方言里的读音也有分歧。例如，阜阳和合肥话"人""绕""软""弱""日"等都读 ʐ 声母。在沿淮沿江的一些市县（如蚌埠市、无为）等方言里，大多读成舌尖前浊擦音声母 z。当涂方言又读成舌根浊擦音 ɣ 声母。皖南徽语把"人""绕""软""日""热"等字读成 ȵ 声母，把"如""弱"等字读成零声母。

8. 普通话零声母的字，在安徽方言里一般都读成了有声母的字。有三种情况：

（1）开口韵零声母字，皖北中原官话大都读成 ɣ 声母，皖中合肥、肥东、肥西、舒城等地读成 z 声母，沿江江淮官话、皖南宣州吴语、皖西赣语和皖南徽语读成 ŋ 声母。例如，"安"，阜阳话读[ˌɣã]，合肥话读[ˌzz̩æ̃]，巢湖话读[ˌŋæ̃]、歙县话读[ˌŋɛ]，太湖话读[ˌŋan]。

（2）合口呼零声母字，在皖东江淮官话、沿淮以南的中原官话以及皖南宣州吴语和一部分徽语里大都读 v 声母。例如，"温"，凤阳话读[ˌvə̃]，滁县话读[ˌvən]，石台话读[ˌvən]，休宁话读[ˌva]。

（3）一部分齐齿呼零声母（古疑母开口细音）字，在皖南徽语、皖西赣语里大都读成 ȵ 或 n 声母，有的字（来自古疑母开口二等韵）读成 ŋ 声母。例如，"研"岳西、休宁话读 ȵ 声母，"义"歙县话读 n 声母，"咬"岳西和歙县话都读成 ŋ 声母。

9. 普通话 ai、au 等复合元音韵母，在安徽的淮北话、皖中话和皖南话中，大都读成单元音韵母。例如，"败太"阜阳话读成ε韵母，合肥话读成ᴇ韵母，歙县话读成a韵母，太平话也读成a韵母；"宝刀"阜阳话、合肥话和歙县话都读成ɔ韵母，太平话读成e韵母。

10. 普通话"堵""途""路""祖""醋""苏"等字读u韵母，"斗""投""漏""走""凑""搜"等字读ou韵母。可是，皖西赣语、桐城话和宁国的湖北话将这些u韵母字都读成跟ou韵母字同音。例如，堵＝斗，途＝投，路＝漏，祖＝走，醋＝凑，苏＝搜。

11. 普通话an、aŋ、ən、əŋ韵母，在皖北中原官话和沿淮一带的皖中江淮官话中大都读成鼻化韵母。例如，"安"阜阳话读[ɣã]，合肥话读[z̩æ̃]，"恩"阜阳话、蚌埠话都读ə̃韵母。

12. 普通话an、aŋ韵母的字，在皖南徽语中大都读成元音韵母。例如，"汤"歙县话读[t̩‘a]，屯溪话读[t̩‘au]，"官"歙县话读[kuɛ]，屯溪话读[kuǒ]。普通话有些读uən、əŋ韵母的字，在皖南徽语中也有读成元音韵的。例如，"敦"休宁话读[tuǒ]，"登"休宁话读[ta]，"生"歙县话读[sɛ]，"宁"休宁话读[laˀ]。

13. 普通话"班""胆"和"关""弯"分别读an和uan韵母，"帮""党"和"光""汪"分别读aŋ、uaŋ韵母。在沿江两岸的马鞍山、芜湖、铜陵、贵池、安庆、怀宁、桐城以及皖南徽语中，都有an与aŋ不分，uan与uaŋ不分的情况。例如，芜湖市话"班帮"与"胆党"都读ã韵母，"关光""弯汪"都读uã韵母；祁门话"胆党""感港"都读ɔ̃韵母，"帮班""关光"都读uǒ韵母。

14. 普通话"门真跟"和"民林金"分别读ən、in韵母，"蒙蒸庚"和"明灵京"分别读əŋ、iŋ韵母。在沿淮的中原官话中及淮河以南的大多数方言里，都有ən与əŋ不分、in与iŋ不分的情况。例如，在蚌埠、合肥、芜湖、安庆等地话里，"彭蒸庚"＝"盆真跟"，"明灵京"＝"民林金"；在滁县、太平等地话里则"盆真跟"＝"彭争庚"，"民林金"＝"明灵京"，歙县话"风蒸"＝"分真"、"精明"＝"金民"。

15. 普通话"班搬"同音，"蛮瞒"同音，"关官"同音，"晚碗"同音，前两组都读 an 韵母，后两组都读 uan 韵母。然而这些字在皖中和皖东江淮官话、皖西赣语以及沿江宣州吴语里却读成不同的韵母。例如，"班蛮""关晚"合肥话读成 æ、uæ 韵母，岳西话读成 an、uan 韵母；"搬满""短酸乱官碗"合肥话都读成 ɵ 韵母，岳西话除了将"官碗"读 uon 韵母，其他都读 on 韵母。

16.普通话"居、宣、群"等字读撮口呼 y、yan、yn 韵母，"猪、拴、唇"等字读合口呼 u、uan、uən 韵母。可是在皖西赣语和桐城、枞阳、宁国话里，却把这两类字的韵母混同为一了。例如，"居猪"怀宁话读[ₜtɕy]，桐城话读[ₜtʂʮ]，"群唇"怀宁、太湖话读[ₜtɕʻyn]，桐城、宁国话读[ₜtʂʻʮn]，"宣拴"怀宁、太湖话读[ₜɕyan]，桐城、宁国话读[ₜʂʮan]。

17.普通话"多"读 uo 韵母，"堆"读 uei 韵母，"敦"读 uən 韵母，"端"读 uan 韵母。但是在我省很多方言中，这些字的韵母大都失去 u 韵头，读成开口呼韵母。例如，"多蓑"芜湖话读 o 韵，"堆岁"蚌埠话读 ɘ 韵，"敦孙"颍上与蚌埠话都读 ə 韵，"端酸"合肥话读 ɵ 韵，宁国和广德等地话却读成 an 韵母。

18.普通话"比皮米李低体衣"等字都读 i 韵母，可是合肥、肥东、肥西、绩溪、旌德等地话却读成 ɿ 韵母，与"资次私"的韵母相同。

19.普通话 k、kʻ、x 声母是不跟齐齿韵相拼的。可是歙县、潜山、颍上话的 k、kʻ、x 声母都可以跟少数齐齿呼韵母相拼。例如，歙县话的"狗"[kiɷ]、"口"[kʻiɷ]、"厚"[xiɷ]的字音，潜山话的"跟"[kin]、"坑"[kʻin]的字音，颍上话"格"[kie]、"客"[kʻie]、"黑"[xie]等字的读音。

20.普通话有阴平、阳平、上声、去声四个声调，古入声字被分别归并到这 4 个声调中。皖北中原官话虽然也是四个声调，但是古入声字大都被分别并到阴平（古清入和次浊入声字）、阳平（古全浊入声字）中去。皖中江淮官话和沿江吴语有五个声调，除了有与普通话相同的四个声调之外，还比普通话多出一个入声调。皖西赣语和皖南徽语多为六个声调，除了比普通话多一个入声调之外，大多还将去声分化为阴去、阳去两类。各地话声调的调值与普通话相比，都有较大的差别。例如，普通话阴平读55高平调，全省与其相同或相近的只有铜陵话阴平也读55高平调，贵池话阴平读44次高平调。普通话去声读51全降调，与其相近的有皖北中原官话和皖中沿淮南铁路各市县的江淮官话，这些方言的去声大都读53高降调。

〔原载《安徽省志·方言志》（安徽省地方志编纂委员会编），方志出版社1997年版〕

声韵调的发音和拼写

声母、韵母、声调是音韵学里的三个重要术语。把字音分为声、韵、调三部分，是适合汉语音节结构特点的，因此，讲现代汉语语音，就得分析声、韵、调。

一、声母的发音

声母是字音开头的辅音，普通话共有二十一个声母。每一个声母的发音都是由一定的发音部位和发音方法决定的。学习声母的发音，必须记住声母的发音部位和发音方法，并且运用它们指导自己的发音。发音部位是指发声母时气流在口腔里受到阻碍的地方。普通话的二十一声母是由以下七种部位造成的：

声　　母	构成阻碍的地方	发音部位分类名称
b p m	上唇和下唇	双唇音
f	下唇和上齿	唇齿音
d t n l	舌尖和上齿龈	舌尖中音
g k h	舌根和软腭	舌根音
j q x	舌面前部和硬腭前部	舌面音
zh ch sh r	舌尖和硬腭前部	舌尖后音
z c s	舌尖和上齿背	舌尖前音

在二十一个声母中，有十一个是由舌尖活动发音的。因为舌尖与形成

阻碍的器官（上齿背、上齿龈、硬腭前）在位置上有前、中、后的差别，所以声母分别叫做舌尖前音、舌尖中音、舌尖后音。其中舌尖后音的发音难度较大，方言里没有这组声母的人，应该把它们作为学习重点。

发音方法指的是，①气流受阻的方式和除阻的方式；②送出的气流强或弱；③声带是否颤动。普通话二十一个声母的发音方法如下：

声　　母	发音方法		
b d g	不送气	清音	塞音
p t k	送气		
j zh z	不送气	清音	塞擦音
q ch c	送气		
f x sh h s	清音		擦音
r	浊音		
m n	浊音		鼻音
l	浊音		边音

发塞音时成阻部位紧闭，除阻时突然爆发；发擦音时成阻部位接近，除阻时气流摩擦而出；发塞擦音时，成阻状况与塞音相同，除阻时与擦音相同。除了鼻音声母以外，发其他声母时软腭都要上升，封闭鼻腔通路。

送气的强、弱，在塞音、塞擦音两类声母有区别意义的作用，例如bù（布）与pù（铺）、zài（再）与cài（菜），所以，这两类声母分送气和不送气。

"清音""浊音"是沿用传统的音韵学名词。前者指声带不颤动的声母，后者指声带颤动的声母。今天分析这种语音现象，仍然沿用它，可以体现古今汉语音韵的连贯性，也可以看出古代声母的清浊与现代语音演变的关系。

受方言影响发不好n或l的人，应该重点掌握它们的发音方法，n是鼻音，发音时软腭下降，让带音的气流从鼻腔通过；l是边音，发音时，软腭往上升，封闭鼻腔通路，迫使带音的气流从舌的两边透出。

对具体声母发音情况的描述顺序是，先说发音部位，再说发音方法。

叙述发音方法的三个条件时，先说送气或不送气，再说清音或浊音，最后才说发音方法的分类名称。例如：b双唇、不送气、清、塞音，f唇齿、清、擦音，l舌尖中、浊、边音，ch舌尖后、送气、清、塞擦音。

二、韵母的发音

韵母是声母后面的部分。普通话的三十九个韵母，是由十个元音和两个鼻辅音构成的。韵母按其结构成分，可分为单元音韵母、复元音韵母和鼻辅音尾韵母。

1.单元音韵母的发音

由一个元音单独构成的韵母叫单元音韵母，又称单韵母。每个单元音韵母都有一定的唇形和舌位，发音时，舌头和嘴唇构成的共鸣器自始至终没有变化，声音是单一的。普通话十个单元音韵母发音时唇形和舌位的状况如下表：

口腔开闭 舌位高低 ＼ 舌位唇形 ＼ 类别	舌面元音韵母					舌尖元音韵母		卷舌元音韵母
	前		央	后		前	央	后
	不圆	圆	不圆	不圆	圆	不圆	不圆	不圆
高(闭)	i	ü			u	-i[ɿ]	-i[ʅ]	
半高(半闭)				e	o			
中								er
半低(半开)	ê							
低(开)			ɑ					

发音时由舌面起主要作用的元音韵母，叫舌面元音韵母。以舌尖起主要作用发出的元音韵母，叫舌尖元音韵母。"思"的韵母就是舌尖前高不圆唇元音韵母，"诗"的韵母就是舌尖后高不圆唇元音韵母。舌尖向上卷起发出的元音韵母，叫做卷舌元音韵母。描述单元音韵母的发音时，应先

说元音的类别名称，再说舌位的前后和高低，最后才说唇形圆或不圆。例如：i 舌面、前、高、不圆唇元音。

普通话十个单元音韵母，《汉语拼音方案》用六个字母表示。如在 e、u 上加符号表示 ê、ü，用双字母的方法表示 er，用 i 兼代舌尖前元音-i[ʅ] 和舌尖后元音-i[ʅ]。这些设计既节约又科学，使用时一点也不混乱。

2. 复元音韵母的发音

由两个或三个元音结合而成的韵母，叫复元音韵母，又称复韵母。按照主要元音在复韵母中的地位，又可分前响复元音韵母、后响复元音韵母、中响复元音韵母。

ia　ua　ie　üe　uo　　后响复元音韵母

ai　ei　ao　ou　　　　前响复元音韵母

uai　uei　iao　iou　　中响复元音韵母

复元音韵母的发音特点是：第一，两个或三个元音之间不是简单的相加，而是有机的复合，即发音时气息不间断，唇位和舌位由甲逐渐变成乙，或再由乙变丙；第二，声音是由一个元音逐渐滑向另一个元音的，中间虽有一些过渡音，但可含糊地一滑而过；第三，每个复韵母中的两个或三个元音有主次之分，其中开口度最大的那个是主要元音，响度也最大，在主要元音前面的元音声音短而敏捷，在主要元音后面的元音声音弱而含糊。受方言影响的人往往把前响复元音韵母发成"单元音化"的韵母，把三合中响复元音韵母发成二合复元音韵母，掌握了复元音韵母的三个发音特点，对纠正这种"单元音化"倾向很有用处。

3. 鼻辅音尾韵母的发音

由一个或两个元音和鼻辅音结合而成的韵母，叫鼻辅音尾韵母，又称鼻韵母。普通话十六个鼻韵母可分为-n 尾和-ng 尾两类：

an　ian　uan　üan

ang　iang　uang

en　in　uen　ün

eng　ing　ueng

ong　iong

n是舌尖部位的鼻音，ng是用双字母表示的舌根部位的鼻音。带n尾的韵母叫前鼻尾韵母，带ng尾的韵母叫后鼻尾韵母。

鼻尾韵母的发音特点是：第一，元音和辅音之间不是生硬的拼合，而是在气流不间断的情况下，随着软腭下垂由口腔共鸣迅速转变为轻弱的鼻腔共鸣。第二，韵母中的各个成分也有主次之分：一个元音和鼻辅音结合时，元音是主要成分，响度比鼻辅音大；两个元音和鼻辅音结合时，开口度大的元音是主要元音，响度也大，在主要元音前面的元音声音较短，作为韵尾的鼻辅音声音比较轻弱。第三，作韵尾的n、ng与当声母时或单独发音时略有不同。作声母或单独发音，必须具备成阻、持阻和除阻三个步骤，而作为韵尾则不需要除阻。

受方言影响的人，常常把收鼻辅音尾的韵母发成主要元音为口腔、鼻腔的混合音（语音学上称为"鼻化音"）。掌握上述发音特点，对发准鼻辅音尾韵母很重要。

为了便于研究语音的结构系统，汉语音韵学把韵母中的各个成分分为韵头、韵腹、韵尾三部分。韵母中的主要元音叫做韵腹，韵腹前面的元音叫做韵头，韵腹后面的元音或鼻辅音叫韵尾。韵腹是韵母不可缺少的部分，韵头和韵尾在有些韵母中是可以缺少的。例如"天"（tiān）的韵母ian就头腹尾俱全，"来"（lái）的韵母ai没有韵头，"家"（jiā）的韵母ia没有韵尾，"歌"（gē）的韵母e既无韵头又无韵尾。

韵母有所谓"四呼"分类。"四呼"是开口呼、齐齿呼、合口呼、撮口呼的简称。这是汉语音韵学根据韵母开头元音发音时的口形，给韵母分类所定的名称。韵头或韵腹是i的韵母叫齐齿呼，韵头或韵腹是u的叫合口呼，韵头或韵腹是ü的叫撮口呼，韵头或韵腹不是i、u、ü的叫开口呼。《汉语拼音方案》的韵母表就是按"四呼"排列的。第一竖行是开口呼韵母，第二竖行是齐齿呼韵母，第三竖行是合口呼韵母，第四竖行是撮口呼韵母。

三、声调的发音

声调是字音高低升降的调子。它是汉语字音不可缺少的部分。

声音的高低是由发音时声带的松紧造成的。发音时声带越紧，在一定时间里颤动的次数越多，声音就越高；声带越松，在一定时间里颤动的次数越少，声音就越低。每个人都有控制声带松紧的能力，所以能够发出各种高低抑扬的声音。发音学把这种声音的高低叫做"音高"。汉语声调的性质主要是"音高"现象。

测量声调的高低虽然已有现代化的声学仪器，但是比较简便通行的方法，还是采用五度标记法。用这种方法也能测定出各种语言或方言声调的高低情况。声调的实际读法叫调值。采用五度标记法测得普通话四个声调的调值是：

调类	调值		调号	例字
阴平	—	55 高平	—	春天开花
阳平	/	35 中升	/	人民团结
上声	√	214 降升	√	美好理想
去声	\	51 全降	\	创造世界

此外，普通话还有一些读音轻短、调值不稳定的字音，叫做轻声，例如："桌子、木头、我们、走吧"中的"子、头、们、吧"就是轻声字。《汉语拼音方案》规定调号标在韵母中的主要元音上面，轻声不标调。我们可以看出，声调符号形象地描画出了声调的音高形式。

把同调值的字音归并在一起所得出的种类，叫做调类。调类的多少是由调值决定的，一种语言或方言的单字能念出几种调值来，就有几种调类。普通话的单字音只有四种调值，所以是四个调类。汉语各方言的调类数不完全相同，即使有的方言调类相同，调值也会不同。

普通话调类的名称和顺序，是按照古代汉语的四声在普通话里变化的对应关系，并结合古代四声的名称（平上去入）和顺序确定的。现代汉语方言调类的名称和顺序，也都是这样确定的。这样做不仅可以看出古今调类的演变规律，而且还可以求出方言调类之间的对应关系。

四、字音的拼写法

拼写字音，通常都是按照字音的声韵调拼写的。只有在拼写零声母字音和在字母或符号的省写方面，《汉语拼音方案》才做了一些拼写规定。具体规则见《方案》韵母表后面的几点说明，和《方案》的第五部分"隔音符号"。这里着重谈谈为什么要做这样的规定。

零声母字音就是没有辅音充当声母，而是韵母自成音节的字音。例如"我爱音乐"四个字就是 uo、ai、in、üe 四个没有辅音充当声母的零声母字。由于零声母音节与其他音节连写时，会出现音节界限混淆的情况，所以《方案》分别采用隔音符号（'）和 y、w 来明确音节的界限。例如"西安"xi'an（≠"先"xian）、"大衣"dayi（≠"戴"dai）、"耽误"danwu（≠"大怒"danu）、"金鱼"jinyu（≠"妓女"jinü）。

为什么使用时有的要在 i、u 的前面加 y、w，有的改 i、u 为 y、w 呢？因为拉丁字母 y、w 一般用来表示带有轻微摩擦的半元音的，而半元音是属于辅音一类。普通话 i、u、ü 开头的零声母字音正好也带有擦音成分，把 i、u 改为 y、w 既能分清音节界限，又能准确地表现实际读音，还便于兄弟民族和外国人学习汉语。

在十九个齐齿呼和合口呼零声母音节中，只有 i、in、ing、u 四个采用加 y、w 的办法。这样做是由汉语音节结构的基本特点——不可缺少元音所决定的，假若把这四个韵母中唯一的元音也改为 y、w，写成"y、yn、yng、w"，在形式上岂不成了没有元音的音节了吗？因此在这些音节的前面只能加 y 或 w。

那么 iou、uei、uen 前面拼写声母以后为什么要省掉 o 或 e 呢？因为这三个韵母跟大多数声母相拼之后，中间的 o、e 舌位移前了，有时声音很不明显。省略后的 -iu、-ui，主要元音后移到 u、i 上，-un 中的 u 也取得了主要元音的资格，因此，把调号标在它们的上面仍然符合调号"打在主要元音上面"的规定。

为什么j、q、x声母与ü起头的韵母拼写时可以省去ü上面两点，而n、l声母与ü起头的韵母拼写时却不能省略ü上的两个点呢？因为j、q、x声母是不跟u韵母相拼的，所以拼写时可以省去ü上面的两个点，n、l声母既能拼u韵母也能拼ü韵母，所以书写时不能省略ü上面的两个点。

［原载《学语文》1984年第1期］

怎样读正入声字

"入声"是古汉语的四个声调之一。由于语音的演变,古入声字在现代汉语中已经发生了较大的变化。普通话没有入声,古入声字已分化到阴平(占10%)、阳平(占34%)、上声(占4%)、去声(占52%)四个调类中。从安徽方言看,淮北方言和皖西的部分方言也没有入声,但入声字的分化情况跟普通话有所不同。例如,淮北方言大都把入声字归入阴平(如"八北客灭")和阳平(如"白碟竹节"),皖西(怀宁、望江、太湖、潜山等)方言则把入声字归入阴去(如"八节北客灭")和阳去(如"白碟活")。皖中、沿江江南等地方言和徽州方言都有入声,入声字大多读成喉塞音[ʔ]韵尾的短促调。在皖南的一些方言里,入声字的分化更是因地而异,如泾县话把入声字归入阴平(如"白活灭")和上声(如"八节北客"),石埭话把入声字全归入阳平,旌德话把入声字全并到去声。入声字的分化情况有不同,在读音上与普通话也有很大差别。因此,"读正入声字"就成了安徽人学习普通话语音的一个带有普遍性的难点。

怎样改正方言入声字的读音呢?要着重克服方言入声字[ʔ]韵尾和短促的读音,并按普通话有关韵母来读。方法有以下几种:

第一,采用拖音念字的办法,丢掉[ʔ]韵尾。比如,我们可以模仿小学生"唱念"课文的方法,诵读一组组入声字,或者按固定的音高和音长来念。例如:织—吃—失,击—七—吸,鸽—磕—喝,督—突—出,接—切—歇,桌—戳—说。

第二,借助同音的非入声字,作为读准入声字音的"跳板"。例如:

巴：八，沙：杀，他：塌，那：纳，叉：插，呀：压，贾：甲，霞：狭，
华：猾，个：各，河：合，社：设，玻：剥，破：迫，拖：脱，锅：郭，
货：或，坐：作，梭：缩，夜：叶，街：接，爹：跌，靴：薛，乌：屋，
墓：木，扶：福，父：复，路：陆，枯：哭，住：祝，书：叔，醋：促，
素：速，衣：一，币：必，低：滴，利：力，鸡：击，妻：七，希：吸，
遇：育，叙：续，知：织，时：食，摆：百，卖：麦，要：药，绞：脚，
周：粥，馏：六。

第三，熟练掌握古入声字在普通话里所读的韵母。普通话里只有以下
十九个韵母含数量不同的入声字：a（八杀）、ia（压甲）、ua（刮滑）、e
（德客）、o（剥墨）、uo（脱桌）、ie（跌节）、üe（缺月）、u（哭屋）、i
（吸一）、ü（曲育）、-i（失日）、ai（白麦）、uai（率蟀）、ei（北黑）、ou
（粥肉）、iou（六）。后六个韵母中的入声字很少，ie、üe、e、o、uo五个
韵母中的入声字最多。

第四，结合方言入声字的韵母进行韵母辨正。例如，淮北话读ei韵母
的"白麦、特责客、北黑"等字，普通话读ai、e、ei韵母；怀宁等地读ie
韵母的字如"白麦、特德、绝雪"等，普通话读ai、e、üe韵母。普通话
的"略约"（üe韵）和"脚药"（iao韵），淮北话读成üo韵母，怀宁等地方
言读成io韵母。采用这种对比辨正的学习方法，可能会取得较好的效果。

［原载《学语文》1984年第5期］

汉语音节的分析方法

语言是一连串有意义的语流构成的。音节是语流中最自然的语音单位。因此分析音节就成了语音研究的中心。分析音节既要求得出它的构成成分，又要研究这些成分构成音节的结构方式和规律。

分析汉语的音节有两种方法，一种是用传统的音韵学的声韵分析法，一种是用现代语音学的音素分析法。

用现代语音学的方法分析音节，首先要得出构成音节的最小单位音素。例如，分析"白天鹅"（bái tiān'é）三个音节，可以得出三个辅音b、t、n，三个元音ɑ、e、i，以及两种音高变化形式，即"中升"音型的"╱"（白鹅），"高平"音型的"—"（天）。经过分析可得出构成普通话音节的音素共有32个和四种音高变化形式。32个音素中，辅音22个：b、p、m（双唇音），f（唇齿音），z、c、s（舌尖前音），d、t、n、l（舌尖中音），zh、ch、sh、r（舌尖后音），j、q、x（舌面音），g、k、ng、h（舌根音）；元音10个：ɑ、ê、e、i、o、u、ü（舌面元音），-i［ɿ］和-i［ʅ］（舌尖元音），er（卷舌元音）。能够区别意义的4种音高形式是"—"（高平）"╱"（中升）、"ˇ"（降升）、"╲"（全降）。这32个音素和4种音高形式组成音节时的情况是，舌根鼻音ng只出现在元音的后面，充当音节的尾音。舌尖鼻音n既可出现在元音的前面，充当音节的起音，又可以出现在元音的后面，充当音节的收尾音。其他20个辅音都只能出现在音节的开头。元音在音节中出现的情况有的很固定，有的比较自由。例如，舌尖前元音-i［ɿ］，只能出现在舌尖前辅音z、c、s的后面。舌尖后元音-i［ʅ］只能出现在舌尖后辅音 zh、ch、sh、r 的后面。卷舌元音 er，在一般情况下只能单独出现。舌面元音 ê[ɛ]也不单独同辅音结合。在音节中出现比较自由，而且出现频率又很高的是舌面元音 a、i、u、ü、e、o、ê。它们既可以单独出现在音节中，又可以与其他元音、辅音相连出现。例如：é（鹅）、bái（白）、piāo（飘）。可是，当这些相连的两个或三个元音同时出现在一个音节中时，必须是在以一个开口度较大、声音较响亮的元音（主要元音）为核心的统领下复合而成的音。也就是说它们之间的关系是复合的，不是简单的相加或拼凑。例如：ai、ei、ao、ou（前响复元音）、uai、uei、iao、iou（中响复元音）、ia、ua、ie、üe、uo（后响复元音）。此外，元音（一个或两个）还可以跟鼻音 n、ng 构成带鼻尾音的复合音。例如：an、ian、uan、üan、en、in、uen、ün（收前鼻音尾的复合音）、ang、iang、uang、eng、ing、ueng、ong、iong（收后鼻音 ng 尾的复合音）。

传统的音韵学分析音节的方法，是将字音分为声母（字头）、韵母（字身）、声调（字调）三个部分。根据字头的有、无，又分为有声母字音和零声母字音。例如："白"（bái）有字头，它的声母是 b；"鹅"（é）无字头，它就是零声母字。由一个元音单独构成的韵母叫"单韵母"，由复合元音构成的韵母叫"复韵母"，由元音和鼻辅音构成的韵母叫"鼻韵母"。韵母（字身）又可分为韵头、韵腹、韵尾三个部分。例如："飘"piāo 的韵母（字身）iao，其中开口度较大、声音响亮的 a 就是韵腹，韵腹前面的音 i 是韵头，韵腹后面的音 o（实为 u）是韵尾。按照韵母开始发音的口形状况，韵母又可分为开口、齐齿、合口、撮口"四呼"。例如："风调雨顺"（fēng tiáo yǔ shùn）四个字音，按传统的音韵学分析法则是："风"fēng，声母（字头）f、韵母（字身）是开口呼的 eng（无韵头、韵腹 e、韵尾收后鼻音 ng），声调"—"（阴平）。"调"tiáo，声母（字头）t、韵母（字身）是齐齿呼的 iao（韵头 i、韵腹 a、韵尾 o[u]），声调"/"（阳平）。"雨"yǔ，零声母（无字头），韵母（字身）是撮口呼的 ü（无韵头、韵腹 ü、无韵尾），声调"∨"（上声）。"顺"shùn，声母（字头）sh、韵母（字身）是合口呼的 uen（韵头 u、韵腹 e、韵尾收前鼻音 n），声调"\"（去声）。

由于汉语音节具有界限分明、结构整齐、规律性强的特点，所以一般的"语音"教材都是将两种方法结合起来运用的。这样做的优点是：第一，能够从汉语音节的实际情况出发，符合汉语音节结构的特点；第二，吸收了传统音韵学分析字音结构简单明了的特点；第三，结合运用现代语音学的音素分析法，可以大大增强语音分析的精确性和科学性。

下面的这个音节结构表，就是将两种分析方法结合在一起进行排列的。从这个表中，我们可以看出普通话音节的结构方式，以及音节构造方面的特点：

结构方式 / 音素成分 / 字音（音节）	声母（字头）		韵母（字身）				声调（字调）	
			韵头	韵腹	韵尾			
	辅音	零	介音	主要元音	元音	辅音	调值	调类
快 kuài	k		u	ɑ	i		51	去声
学 xué	x		ü	ê			35	阳平
走 zǒu	z			o	u		214	上声
鸡 jī	j			i			55	阴平
电 diàn	d		i	ɑ		n	51	去声
厂 chǎng	ch			ɑ		ng	214	上声
优 yōu		∅	i	o	u		55	阴平
我 wǒ		∅	u	o			214	上声
爱 ài		∅		ɑ	i		51	去声
鹅 é		∅		e			35	阳平
远 yuǎn		∅	ü	ɑ		n	214	上声
迎 yíng		∅		i		ng	35	阳平

（一）一个音节除了有固定的声调之外，最多只有四个音素。并且分别充当声母、韵头、韵腹、韵尾。例如："快"kuài、"电"diàn。

（二）音节中的元音分别要有一个至三个。音节中有两个、三个元音时，必须相连出现。辅音在音节中只能出现在开头（充当声母）和末尾

（充当韵尾）。例如："南方" nán fāng。

（三）有些音节可以缺少声母、韵头、韵尾，但是韵腹（主要元音）和声调是不可缺少的。例如："阿姨" ā yí。

（四）韵头只限高元音 i、u、ü，元音韵尾只限于高元音 i、u（ao、iao 中的 o 实际音质也是 u），辅音韵尾只限于鼻音 n、ng。所有的元音都可以充当韵腹。

此外，声母与韵母结合的关系也是有条件的，比如，唇音声母不与撮口呼的和除 u 以外的合口呼韵母拼合。舌根音、舌尖前音和舌尖后音声母都不同齐齿呼、撮口呼韵母拼合。舌面音声母不同开口呼、合口呼韵母拼合。韵母 ê、er、ueng 却不同任何辅音声母结合。o 韵母只与唇音声母结合，uo 韵母却不与唇音母结合。而 -i[ɿ、ʅ] 却只与舌尖前音和舌尖后音声母结合。

［原载《学语文》1988 年第 5 期］

试论现代歌音的"字正腔圆"

　　"字正腔圆"是汉民族的传统声乐理论之一。今天，它仍然是现代演唱艺术的一条重要原则。因此，探讨现代汉语歌音的"字正腔圆"的问题，对我国现代声乐的民族化，可以起到促进作用。

一、关于字音的纯正

　　"字正"又叫"字真"，是指字音的纯正。"纯正"者，即字音纯净、清晰、真切、准确也。因此，凡是歌音中字音不纯净、不清晰、不真切、不准确，皆谓之"字音不正"或"字音不真"。

　　字音不纯的原因可以分为生理的和习惯的两种。生理上的主要表现为发声器官缺少锻炼，或发声器官损伤。常见的歌音现象有，拗嗓、干散、沙哑、尖利、囊鼻等等。习惯上的主要表现有：过分追求抖音，以致造成歌音痉挛；过分追求喉音，撕扯咽壁，以致造成歌音干裂；过分追求声音尖细，口不放开，舌的动程太小，以致造成歌音扁直；字头出声太轻，字身又唱得过强，以致造成"音包字"。字音不正的原因也可以分为识字不正和方音影响两种。识字不正确，就是把字音唱白了。例如歌曲《高高太子山》中"弯弯哟洮河水，河是那金银河"一句，其中洮（táo）就有人唱成yáo（姚）的声音。歌曲《遵义城头霞光闪》中"巍峨的遵义城，屹立在乌江边"一句，其中"屹"（yì）就有人唱成qì（气）的声音。歌曲《沂蒙山区好地方》中"沂蒙山区好地方，公社带来好时光"一句，其中

"沂"（yí）有人唱成 qí（祈）的声音。另外，由于方言作梗，也会把字音唱得不正确。例如歌曲《光荣军属王大娘》中"前方的喜报送呀送到家"一句，其中"喜"（xǐ）用合肥方言唱，"喜"与"死"同音，"喜报"就会让人听成"死报"，意思完全相反，效果当然不好。又如，歌曲《歌唱祖国》中"从今走向繁荣富强"一句，其中"繁"（fán）"富"（fù）二字有些方言读成 huán（环）hù（户）的声音，这样唱也会使人不解其意。

"字正"，在不同的时代有着不同的标准。唐、宋时期以《唐韵》《广韵》的字音为标准，元、明、清以来又是以《平水韵》《中原音韵》《洪武正韵》的字音作为标准的。今天，我们是以民族共同语（普通话）的字音作为标准的。普通话是我国现代声乐的规范语言。汉语拼音字母是帮助歌唱者掌握标准音、读正字音的有效工具。在现代语音学理论的指导下，我们只要掌握汉语拼音的发音规则，就可以拼切出每个汉字的正确读音。这一点很重要，因为它不仅可以帮助演唱者正确地咬字、吐字，而且可以使演唱者自觉地处理"字正"和"腔圆"的问题。民族的传统声乐理论把掌握拼切字音的方法向来就列为歌唱者的基本功之一。例如，明代人王骥德说："欲语曲者，先须识字，识字先须反切。"（《方诸馆曲律》）清代人徐大椿还说："口法真，则其字无不真矣。"（《乐府传声》）

二、关于字音的圆润

民族的传统声乐理论中，用"如明珠走盘，晶莹圆转"这样的佳句，来形容字音和腔音的圆润。我们认为，"字音"是语言活动中表达思想感情的声音单位；"腔"，是在有支持力的气息的作用之下，由字音的延续或字音相连而成的连贯一致的声音。因此，构成"腔圆"的基础应该包括两个方面：一方面是优良的生理机能所构成的洪亮圆润的嗓音，另一方面是把字音唱得珠圆玉润，行腔连贯一致。前者是练声法解决的问题，后者才是歌唱法所要解决的问题。

怎样才能把字音唱得"珠圆玉润"呢？我们认为，它的前提条件就是要把字音唱得正确、唱得清楚。此外，还要掌握每个字音的结构规律，并按照每个字音的具体情况，完整的恰如其分地唱出每个字音的字头、字腹、字尾，准确地处理字音的出声、放声、纵声和收声。

1.字头和出声："字头"是字音的起始部分。它是由声母、介母和声介合母充当的。普通话字音共有51个字头，按照它们出声后的口形可分为以下四类：

开口类：b、p、m、f、d、t、n、l、z、c、s、zh、ch、sh、r、g、k、h、[ʔ]。

齐齿类：bi、pi、mi、di、ti、ni、li、ji、qi、xi、[j]。

合口类：du、tu、nu、lu、zu、cu、su、zhu、chu、shu、ru、gu、ku、hu、[w]（还有 bu、pu、mu、fu 四个合口音节，它们只单独表示字音，不作字头出现）。

撮口类：nü、lü、ju、qu、xu、yu。

"出声"指的是字头的发声过程。它包括根据表达思想感情的需要，在开口唱字之前所做的各种准备，直至真切准确地发出字头。其中包括储备适量的气息，摆正节制器官的阻碍部位和准确地运用除去阻碍的方式方法，以及控制好唱出字头之后的口形。只有做好了这些出声的准备，才能做到"七音一呼而聚，四声不招即来"（明王骥德《方诸馆曲律》）。

"字头"是字音的第一道关碍。真切、准确地唱出字头对唱圆字音起着非常重要的作用。我们的理由如下：

第一，字头的出声与控制气息有密切的关系。气息是由呼吸机能产生的。它是歌唱的动力，是构成腔调的必要条件。我们在歌唱时，气息的控制是否适度，它完全是按照字头出声时的需要来决定的。我们知道，为了唱出富有不同思想感情的字音，就要构成各种节制强度不同的字头。为了发出符合思想感情需要的字头，我们就要调用适当强度的气息。例如"山"的字头是 sh，在不同思想感情的歌曲里，我们应该用不同强度的气息去唱它。例如：

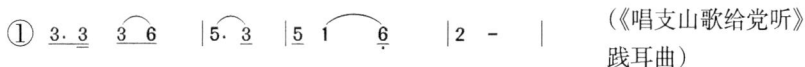

① 3.3 36 |5.3 |51 6 |2 - |　　（《唱支山歌给党听》
　　　　　　　　　　　　　　　　　　　　　　　践耳曲）
　唱支 山 歌 给党 听

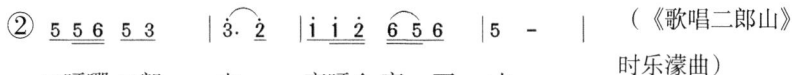

② 5 5 6 5 3 |3.2 |i i 2 6 5 6 |5 - |　（《歌唱二郎山》
　　　　　　　　　　　　　　　　　　　　　　时乐濛曲）
　二呀哪 二郎 山，　高呀么 高 万 丈

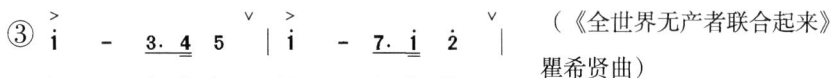

③ i - 3.4 5 |i - 7.i 2 |　（《全世界无产者联合起来》
　　　　　　　　　　　　　　　　　瞿希贤曲）
　山 连着 山，海 连着 海

唱第一个"山"时，气量较小，出声强度也较弱，并带有柔性；唱第二个"山"时，气量较大，出声敏捷矫健，要有一定的强度；唱第三个"山"时，不仅气量大，而且出声一定要坚定有力。因此，唱字时所需要的气息，完全是按照一定思想感情的需要，由唱出这个字音的字头所决定的。那种不按字头发声的需要而随意乱用气力的歌唱是缺乏表现力的。

第二，字头的出声与共鸣的关系也很密切。共鸣虽然主要是由字音中的母音来决定的，但是字头与字音的其他各部分是统一的整体，它对构成字音的共鸣必然起着重要的作用。字头出声之前，不仅要准备好唱出这个字头的气息和节制，而且对构成这个字音的共鸣也要有必要的思想准备。这样，我们就会在唱出字头之后很快地构成准确的共鸣。否则，在唱出字头之后再临时去摸索共鸣，不仅会把有机的字音唱"散了架"，而且还会把字音的共鸣唱走了样。例如：

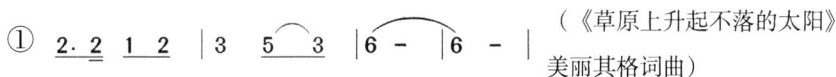

① 2.2 1 2 |3 5 3 |6 - |6 - |　（《草原上升起不落的太阳》
　　　　　　　　　　　　　　　　　美丽其格词曲）
　白 云 下 面 马 儿 跑

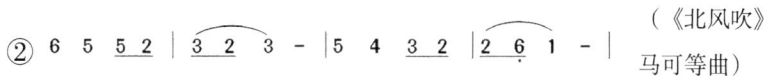

② 6 5 5 2 |3 2 3 - |5 4 3 2 |2 6 1 - |　（《北风吹》
　　　　　　　　　　　　　　　　　　　　马可等曲）
　北 风 那个 吹，　雪 花 那个 飘

我们唱这两句歌词中的"跑""飘"时，必须在唱出它们的字头 p、pi 之前，就对它们的共鸣有所准备。唱"跑"时，必须在双唇喷出气流的同时就构成 ao（熬）的共鸣，唱"飘"时，则要紧随着 pi（批）的音流构成 ao（熬）的共鸣。这样，才能使字音的出声和共鸣结合紧密、溶为一体。

第三，字头的出声对构成字音的腔调，关系也很密切。在字头出声之后所带出的音流的作用之下，随着共鸣腔的变化，随着韵腹或过渡音的引长，也就构成了这个字音的腔调。这就是说，每个字音的"腔调"都必须在那个字头的带领下构成，还必须在那个字头的统领下运行。由字头统领下的每个字音的音型关系，不得中途改变，必须贯穿字音的始终。清代人徐大椿说："凡出字之后，必始终一音，则腔虽数转，听者仍知为即此一字。"（《乐府传声》）

总之，字音的真切、清晰，以及字音的圆润，都与字头的关系极大。"凡夫出声圆细，字头为之也"，"善唱则口角轻圆，而字头为功不少。"（明·沈宠绥《度曲须知》）我们唱字必须重视唱好字头，使我们的歌音真正做到"以字头带领字音"。

2.字腹、过渡音和放声、纵声

"字腹"和"字头""字尾"都是构成字音的各个部分。字腹是紧接字头之后的部分。它在字音中口形开放得最大，声音最响亮，所以，它是字音的主体。

字腹在每个字音里的作用并不完全相同。例如："大地"（dà dì）两个字音，字腹 a、i 之后没有其他成分，字腹单独充当韵母，独自发挥作用。"走遍"（zǒu biàn）两个字音，字腹 o、a 之后还有其他成分 u、n。这种字腹就要连接其后的成分共同充当韵母，共同发挥作用。

"过渡音"是歌音中因拖腔而出现于字腹与字尾之间的那个声音。它对字腹与字尾来说起着过气接脉的作用，它也可以随思想感情的需要而延长。例如，拖腔唱"飘"（piāo）的字音时，就会发现所唱的这个延长的声音，不是字腹 a，也不是字尾 o[u]，而是介乎 a、o[u]之间的比 a 口形略小、稍圆的[ɔ]元音。这个因为行腔而出现于 a、o[u]之间的声音[ɔ]，我们把它叫做"过渡音"。再如，拖腔唱"天"（tiān）的字音时，我们也会发现所唱的延长音，既不是 a，更不是 n，而是出现在 a 之后的由口腔、鼻腔同时参与共鸣而造成的鼻化元音[ã]。这个因为行腔而出现在字腹（a）、字尾（n）之前的声音[ã]，我们也把它叫做过渡音。

我们在歌音中怎样对待不同情况下起不同作用的字腹呢？我们应该怎样处理过渡音呢？为了回答这个问题，需要先弄清"放声"和"纵声"。

"放声"和"纵声"是就字音构造成分的具体唱法来分析字音的。"放声"是针对字腹而提出的一种唱法。意思是一定要把字腹唱成那个字音中口形开放得最大，声音开朗响亮的部分。让它在字音的音响上起着统领的作用。"纵声"主要是针对过渡音提出的一种唱法。意思是唱过渡音时，一定要根据字音表达感情的需要把过渡音纵情地唱出来。过渡音一定要唱得圆润而丰满。

鉴于字腹在不同的字音中所起的作用不完全相同，所以，我们在歌唱时就应该区别对待。

第一，单元音充当韵母的字腹，演唱时，一定要构成固定而统一的共鸣，使歌音自始至终保持响亮、饱满、统一。对这种字腹的唱法应该把放声、纵声都包括在内。也就是说，根据字音表达的感情需要，我们可以采用控制音量放大和收小的办法，使音量可大、可小，达到歌音有放、有纵、有收的效果。对这类字音的唱法要做到："自出声之后，其口法一定，则过腔、转腔，音虽数折，而口之形与声所从之气，俱不可分毫移动。"（清·徐大椿《乐府传声》）例如：《社员都是向阳花》这首歌最后一个乐句中的押韵字"大、花、她、芽"等就应该这样唱。

第二，与字尾共同构成韵母的字腹，也应该把它处理成短暂的引渡性的声音。在演唱这种字腹的时候，一方面要保持字腹的最大共鸣，突出它在字音中的响峰作用，另一方面又要把这种字腹和其他成分溶为一体。切勿把共鸣控制得太僵，以免把字腹游离于字外。例如：《红灯颂》中的两句。

$$5\ 3\ 6 \quad | 3\cdot53\ 21\dot 6\ | 5\ 3\ 5 \quad 6\cdot276 \quad | 5\text{-} \quad | \dot1\ 6\ \dot1\ \dot2\ | 6\cdot1\ 6\ 5\ 5\ 3\ |$$

一　盏　红　灯　照　碧　海，一　团　火　焰

$$2\cdot3\ \dot12\ 5\ 3\ 3\ 2\ | 1\ \text{-}\ |$$

出　水　来

这段歌词中的"海"（hǎi）"来"（lái）"团"（tuán）"焰"（yàn）等字

音，其字腹ɑ，在演唱时口一定要张得开，但也不要呆滞僵直，要轻柔自然地连带出其后面的过渡音[ɛ]、[ã]，直到滑向字尾i或n。这样，才能把字音唱得饱满、圆润，连贯统一。

第三，"过渡音"在民族传统的声乐理论中虽无定名，但也有所觉察并有论述。例如，明代人沈宠绥说："凡敷演一字，各有字头、字腹、字尾之音。头尾姑未厘指，而字腹则出字后，势难遽收尾音，中间另有一音，为之过气接脉。"（《度曲须知》）古人说的这种"为之过气接脉"的"中间另有一音"，就是我们所说的"过渡音"。

现代歌音的过渡音往往出现在以下三种情况：一是出现在两拍及两拍以上的单音符的字音里；二是出现在两拍及两拍以上的上行或下行的多音符的字音里；三是出现在一拍及一拍以上的弯曲行的多音符的字音里。

现代汉语歌音的过渡音共有以下10个：

[ɛ]（ai、uai）海、来、外《红灯颂》"ɑ→ɛ…i"。

[ɘ]（ei、uei）飞、水、醉《祝酒歌》"e→ɘ…i"

[ɔ]（ao、iao）宝、了、好《勤俭是咱们的传家宝》"ɑ→ɔ…[u]"

[ʋ]（ou、iou）走、够、油《马儿啊！你慢些走》"o→ʋ…u"

[ã]（an、ian、uan、van）山、连、传《谁不说俺家乡好》"ɑ→ã…n"

[ɑ̃]（ang、iang、uang）方、娘、望《在那遥远的地方》"ɒ→ɑ̃…ng"

[ɘ̃]（en、uen）深、人、春《边疆的泉水清又清》"e→ɘ̃…n"

[ĩ]（in、vn）亲、心、淋《唱支山歌给党听》"i→ĩ…n"
（ing）京、情、星《满怀深情望北京》"i→ĩ…ng"

[ɤ̃]（eng、ueng）风、城、声《驼铃》"e→ɤ̃…ng"

[õ]（ong、iong）空、中、东《渔光曲》"o→õ…ng"

这10个过渡音出现的频率非常大，因此在歌唱中处理好这些过渡音便成为唱圆字音的重要条件。那么，怎样才能唱好这些过渡音呢？我们认为以下几点是应该遵循的：

第一，过渡音是纵声歌唱的产物，是充分表达思想感情的关键部分，因此必须在准确把握思想感情的基础上认真演唱。

第二，过渡音都是字音中可以拖腔延长的部分。歌唱时应该在口形稳定的前提下，充分调动发声机能的积极作用，努力造成那个过渡音的最大共鸣，务必使声音宏亮、丰满。

第三，过渡音趋向字尾时，要留有适当的余地，让声音逐渐滑向字尾，以利造成轻柔圆润的尾声。

第四，由口腔共鸣的字腹滑向带有鼻腔共鸣的过渡音时，应有一个巧妙的转变过程。转变后虽然由鼻化元音充当过渡音，但还应该以口腔共鸣为主，鼻腔共鸣为辅。鼻音色彩不应超过二分之一，一般应控制在三分之一左右为宜。这样唱，既能保持字音的真切，又能达到歌音清明澈亮的效果。

3.字尾和收声

字尾是字音结构的末尾部分。收声是指歌唱时收好字音的尾声。

收声是关系到字音能否唱得准确圆润的重要条件。《乐府传声》说："天下知出声之法为最重，而不知收声之法为尤重。盖出一字，而四呼四声五音无误，则其字已的确可辨，犹人所易知而易能也。惟收声之法，则不但当审之极清，尤必守之有力。"又说："收声之时，尤必如意扣住，如写字之法，每笔必有结束，越到结束之处，越有精神，越有顿挫，则不但本字清真，即下字之头，亦得另起峰峦，益觉分明透露。"这里，他既说到了收声对唱圆字音的重要性，又谈到了收声对分清字音界限的积极作用。毫无疑问，这些论述对我们研究现代歌音中字尾的唱法仍是很有启发的。

现代汉语歌音的字尾共有以下四个：

-i $\begin{cases} \text{ai、uai "海、来、外"} \\ \text{ei、uei "美、水、醉"} \end{cases}$ 收舌面前部抬高的不圆唇的启齿音。

-u $\begin{cases} \text{ao[au]、iao[iau] "宝、了、好"} \\ \text{ou、iou "走、够、油"} \end{cases}$ 收舌面后部抬高的圆唇的合口音。

$$-n\begin{cases} an、ian、uan、üan "山、连、传" \\ en、in、uen、ün "亲、深、心" \end{cases} 收舌尖舔上齿龈的前腭鼻音。$$

$$-ng\begin{cases} ang、iang、uang "方、娘、望" \\ eng、ing、ueng "红、升、东" \\ ong、iong "荣、红、功" \end{cases} 收舌根抵软腭的后腭鼻音。$$

对字尾的收声方法，我们认为应注意以下几点：

1.声音的强度要弱一点，声音的响度要小一点。

2.凡是短促、疾驰、强劲的字音，歌唱时应当采用急刹的方法收声。

3.凡是悠长、舒缓、轻柔的字音，歌唱时应当采用轻勒的方法收声。

常见的收声方面的毛病有不收和误收两种。例如：唱"海、来、外"等字音时，只唱字腹和过渡音，或丢掉字腹只唱过渡音。这样，口只张而无闭，只有放纵而无收勒。再如，"兵、姓、定"（《我是一个兵》）等字音本应收后腭鼻音，可是有不少人在唱这些字音时却误收为前腭鼻音。这样还怎能达到字音准确圆润呢？

综上所述，我们把字音的结构成分、主要唱法，以及要求列表对照如下：

字音	字头	字腹	过渡音	字尾
	出声	放声	纵声	收声
	清正	开朗	丰满	轻柔
怀 huái	hu	ɑ	ɛ…	i
归 guī(uei)	gu	e[ə]	ɚ…	i
酒 jiǔ(iou)	ji	o	ʋ…	u
飘 piāo	pi	ɑ	ɔ…	o[u]
仙 xiān	xi	ɑ	ã…	n
香 xiāng	xi	ɑ	ã…	ng

这里，我们需要说明的是，歌音总是以字音作为表达思想感情的声音单位。为了便于讲解，我们才把它们剖析开来分别阐述。我们歌唱时应该在领会它们的特点和唱法的基础上，从字音的整体性上对它们还要进行综合地处理。民族的传统声乐理论对这一点也有精辟地论述。明代人沈宠

绥在他的《度曲须知》里写道："由字头轻轻吐出，渐转字腹，徐归字尾，其间从微达著，鹤膝蜂腰，颠落摆宕，真如明珠走盘，晶莹圆转，绝无颓浊偏歪之疵矣。"这种精辟的论述和生动的比喻，对我们从整体性上唱圆字音也是极其有益的。

三、关于歌音的圆润

"腔"是字音随乐曲歌唱的声音。"腔圆"就是歌音的圆润。

怎样才能使歌音圆润呢？我们仍然从字音的角度来谈这个问题。我们认为"腔"并非是游离于字音之外的东西。它是在引长字音的基础上构成的艺术化的声音，即"歌音"。因此，字音是腔音的基础，字音的圆润与否也就直接关系到"腔圆"的问题。对此，我们谈三点看法。

第一，重视引长字音的训练。

我们知道，汉语的字音是以前声后韵的方式构成的。引长字音实际上主要是把字音的韵母引长了。在歌音中被引长的字音不管它的韵母有几个音素或几个构造成分，从表情达意的要求来看，只有字腹、或者过渡音才能随着曲谱引长歌唱。绝不是把韵母中的每一个音素、每一个构造成分都拉得一样长。例如：

```
3 1 2 | 3· 6 | 3 2 1 | 3· 5 | 6 5· 6 | 1 2·3 | 6 - | 6 - |
草原    上    升    起    不落的    太    阳。
cao yuan  sha-ã…ng she-ɤ̌…ng qi…  bu luo di  ta-ɛ…i  ya-ã…ng

5 5 | 3 5 3 2 i | 2 - 2123 | i - - - i | i - |
像 你 一样的伟    大 坚    强!
xiang ni  yi yang di we-ɤ…i da…  jia-ã…n qia-ã…ng    (《黄河颂》)
```

上例中"起""大"引长的是字腹，"太""阳""伟""坚""强"等引长的是过渡音。只有引长这些成分才不会改变字音，也才不会影响字义。因此，要做到歌音圆润就要加强引长字音的训练，在字腹和过渡音上下功夫，只有这样才能做到"以字行腔"。

现代歌音中的字音可以引长的音素共有20个。除了前面已经说的10个过渡音之外，还有以下10个元音：

a（ia、ua）她、家、花

o（uo）坡、多、活

e[ɤ] 歌、和、乐

i 席、理、喜

u 路、舞、苦

ü 举、女、鱼

ê（ie、üe）街、月、雪

er 儿、耳、二

-i[ɿ] 字、慈、死

-i[ʅ] 知、诗、日

歌音中这些可以引长的音素，应该作为汉语歌音练声的基本音素。那种只练a、e、i、o、u五个元音的做法，既不符合汉语歌音的实际情况，也不能满足汉语歌音的需要。

第二，归正字韵。

既然汉语字音只有韵母才可以随曲谱引吭高歌，毫无疑问，归正字韵便是构成"腔圆"的重要条件。

"归韵"是字音自出声之后，必须按照一定的韵音去唱它。决不能因为字音引长了或个人一时高兴而随意改变。否则归错了韵，不仅难听而且难懂。清代人王德晖、徐沅澂说过："何字归何韵，乃一定之理，往往一不经意，信口开合，则归入别韵、不成此字，实为笑话。此条最易忽略，犯者十居八九。差之毫厘，失之千里，歌者盲心，听者刺耳。"（《顾误录》）例如："百"（bǎi）是ai韵字，"北"（běi）是ei韵字。歌音中如果把"北京"的"北"（běi）唱成"百"（bǎi），这是把ei韵字错误的归入ai韵，就会让人听了很不顺耳。如果把"百川归海"的"百"（bǎi）唱成了"北"（běi），这是把"ai"韵字错误的归入"ei"韵，也会让人听不明白。

再如，"迎风摆"的"摆"（bǎi）是 ai 韵字，韵音本来是很和谐圆润的。可是有些江浙人唱这个字往往只放无收，"摆"唱成"把"，ai 韵唱成了 a 韵。这样唱不但声音僵硬，而且字义曲情不明。这还怎么能谈得上字润腔圆呢？因此，只有按照现代汉语字音的归韵标准去唱，才可能把歌音唱得圆润。

现代汉语歌音的归韵标准是在北方曲韵的基础上形成的"十三辙"。

"十三辙"作为现代歌音的归韵标准是非常理想的。它具有很多优点：第一，音色鲜明多样。既有多种声音色彩的单韵，也有多种声音色彩的复合韵；既有纯口腔共鸣的阴声韵，也有辅以鼻腔共鸣的多种鼻音色彩的阳声韵。第二，韵音优美，有刚有柔，有洪有细。用这样的韵音作为现代歌音的唱字归韵的标准，可以唱出非常优美圆润的歌音。当代很多受群众欢迎的歌唱家，都是按照这种归韵标准演唱的。可是，也有一些声乐工作者不从汉语发声的特点出发，不愿意用能够体现民族语言特点的"十三辙"作为自己唱字归韵的准标，一味追求所谓的"共鸣"，结果把所有的字音都唱成了"哦"的韵音。例如《白毛女》插曲"秋收"中的一句被他们唱成："东（哦）家（哦）在（哦）高（哦）楼（哦）。"这样唱，嘴里像含了个橄榄，字音不清，归韵不正，怎么能取得好的音韵效果呢？

第三，唱好韵音。

"押韵"是诗歌的基本特点。"韵音"是因押韵而构成的歌音形式。因此，为了做到歌音连贯一致，还必须唱准每首歌曲的韵音。韵音不仅可以使歌音和谐，而且还可以使歌音之间前后照应，增强旋律上的回环美。韵音在歌曲里好像是一条声音连贯的线，它可以把一个个圆润如珠的字音贯串起来，使歌唱成为完整统一的声音艺术。那种所谓"三日不绝"的"绕梁"之音，其实与唱好韵音也是分不开的。押"灰堆"（ei、uei）韵的《祝酒歌》就是群众喜闻乐唱的歌曲之一。李广曦同志的演唱更使这首歌的韵音和谐优美、韵味浓郁。可是，有些同志用那种"半普通"的话来唱，把"歌声飞"的"飞"（fēi）若唱成"fi"、"长江水"的"水"（shuǐ）若唱成（si）（死）的声音，这些本来韵音很美的字音就会唱得一点也不合辙。这还怎么能谈得上歌音圆润连贯、韵音和谐优美呢?

　　毛泽东同志说:"说中国民族的东西没有规律,这是否定中国的东西,是不对的。中国的语言、音乐、绘画,都有它自己的规律。……音乐可以采取外国的合理原则,也可以用外国乐器,但是总要有民族特色,要有自己的特殊风格,独树一帜。"(《同音乐工作者的谈话》)毛泽东同志的教导,给我国的音乐工作者指出了非常明确的方向。我们认为,研究现代汉语歌音的"字正腔圆",正是使我国现代声乐具有"民族特色"的重要问题之一。

　　　　　　　　　[原载《安徽师大学报》(哲学社会科学版)1980年第4期]

试谈《方言志》的编纂

一

方言是民族语言的地方变体。汉民族的共同语虽然早已形成，但是至今仍然存在着复杂分歧的方言。其中有较大范围的地区方言，也有较小范围的次方言和各个地点方言。《方言志》就是记录各地方言的专著。它应包括本地人文情况、方言沿革、语音、词汇和语法系统。

《方言志》是传统地方志的组成部分，更是编写新的地方志的重要组成部分。对于《方言志》的编纂，各市县的地方志编写组织应该予以重视。

第一，方言是各个地方社会的主要交际工具。各地的人文历史、地理物产、社会风情也都会反映到各地的方言中来。各地的人民无论是思维活动或社交活动，时时刻刻都离不开自己的方言。由于各地的地理气候、经济物产、人文历史、社会风情等方面的差别，再加上各个地点方言都有着自己的演变规律，这样就出现各地方言在语音、词汇、语法上的差异，形成了各地点方言区别于其它方言的特点。作为反映地方历史和现状的地方志，怎么能忽视自己的方言呢？

第二，方言是地方文学艺术的基础。我们知道，民间故事、民间歌谣以及地方曲艺和戏曲都是以各地方言作为创作基础的。贯彻"百花齐放"的文艺方针，就要发展地方文艺，要繁荣地方文艺，就要描写记录方言。

《方言志》完全能够为地方文艺创作提供音韵标准和词汇素材。

第三，方言也是各地人文历史的宝库。方言不仅保留了一些古汉语的成份，而且也会有不少古代少数民族语言的成份。《方言志》不仅可以帮助解决前人遗留下来的汉语史上的许多问题，还可以考查汉族与少数民族的历史关系，以及汉族与外国民族的历史关系。这些都是会有助于民族史、社会史、民俗学以及考古学的研究。

第四，编撰《方言志》是为了汇集方言资料以及研究成果，毫无疑问它会有利于各地的语文教育，有利于各地的推广普通话工作。

此外，我们还必须看到，方言是人类社会发展的产物。它是随着社会的发展变化而发展变化的。因此，对任何历史阶段中的方言进行描写记录，对于整理语言发展演变史都是很有意义的。解放以来是我国历史变革最大、社会发展最快的时期。随着交通的发达、文化的普及、普通话的推广，各地方言也都有了较大的变化。这样，纂写新的《方言志》就是一项历史的重要任务，显得更加迫切、更加需要了。

二

应该怎样编写新的《方言志》呢？

首先，我们既要向前人学习，又不能落入前人的窠臼。我们要学习前人重视对方言词语的记录，他们提供的历史方言资料和编写方法也都值得我们借鉴。但是，我们必须看到，由于历史的局限，他们大都是一鳞半爪地记录方言、土俗词语，或者是对当时的字词进行一些考源。至于注音，只能采用很原始的方言字互注的直音法。这样势必把体系完整的方言弄得支离破碎。这里，我们并无苛求古人之意，问题在于，我们必须创新，必须反映出当代语言研究的水平，给子孙后代留下一个反映二十世纪八十年代的新《方言志》。为此，我们必须按照胡乔木同志提出的"新的观点、新的方法、新的材料"的原则进行编写。那么，怎样在《方言志》中体现"三新"的精神呢？我们认为应该做到以下五点：

第一，新编《方言志》应该以当今各地的方言口语为记录对象，采用国际音标和现代语音学的分析方法，对方言进行静态的描写。通过记录一定数量的方言口语材料，进行分析比较，探求出方言词汇、语法的结构规律。

第二，新编《方言志》一定要反映一个方言的体系性。方言的特点主要体现在语音方面，但词汇、语法上也有不少。古人编方言志以罗列方言字词和民谚为主，五十年代进行全国方言普查又偏重于语音，这些做法都有不足之处。必须看到方言体系中的每个要素都是相互联系，相互制约的。新的《方言志》必须做到语音、词汇、语法三者不偏废。

第三，新编《方言志》首先就要做到与民族共同语进行比较，求出语音对应规律和词汇语法的结构特点，为当地的语文教育和推广普通话服务。此外，还要做到对方言的重要特点进行必要的探源和解释，为汉语史和编绘汉语方言地图提供可靠材料。

第四，新编《方言志》应以当地中老年人的口头语为代表。但是也不要忽视概述方言内部存在的一些不一致的情况，例如新旧、老少、文白等区别。这些差别可以表现出方言发展的不同进程，预示出方言发展演变的趋势。

第五，新编《方言志》还要重视收集当地的人文历史资料。我们知道，方言是许多时代的产物，要了解它的形成，或者解释方言中的一些特殊的现象，就要深入考察使用这种方言的人民的历史。宗谱、志书大都可以为我们提供这方面的史料。只有这样才有可能得出比较正确的答案。

三

我们学习和参考了兄弟省市编写的县方言志，结合我省的方言情况，试以"三新"精神为指导思想，编拟了县（市）方言志的大纲，仅供各地参考。

第一章　概说

　　1·1　方言概况及县（市）方言分区图

　　1·2　所用音标与汉语拼音方案对照

　　1·3　方言调值表示法

第二章　语音分析

　　2·1　声母

　　2·2　韵母　儿化韵

　　2·3　声调　轻声

　　2·4　连读变调

　　2·5　文白异读

第三章　方言同音字汇

　　（包括常用字3000左右，以及当地方言用字）。

第四章　方音跟普通话语音比较

　　4·1　声母比较

　　4·2　韵母比较

　　4·3　声调比较

　　4·4　音节比较（包括拼合关系比较）

第五章　方言词汇

　　5·1　词汇特点

　　5·2　方言分类词表（包括常用词和固定词组1000条左右）

　　5·3　方言俚语例释

第六章　方言语法

　　6·1　语法特点

6·2 语法例句（代表性短语、句子100条左右）

第七章　方言标音举例

（包括谚语、歇后语、谜语、绕口令，以及包括少数的童谣、民歌、故事）

每个县（市）应以人民政府所在地的话为代表，对于县（市）境内方言的差别，可以在"方言概况"部分简介其特点，也可以附上声韵调表和音系特点简介。成书的字数约两三万①。

应该指出，编纂《方言志》是一项专业性较强的工作。编写人员既要有较全面的现代汉语知识，又要有方言记音、资料分类、分析比较等能力。尤其必要的是，能够熟练运用国际音标，具有听音、析音、记音的技能。由于我省从事这项工作的人员较少，加之有些同志又负有其他任务，所以各县市要在预定的时间里完成本地的方言志编写任务，就必须及早培养自己的方言志编写人员。

[原载《安徽史志通讯》1985年第2期]

---

①实践说明四万字左右较实际。

安徽方言与安徽民歌

安徽民歌大都用安徽方言传唱。安徽方言包括五种土著方言和多种移植方言。土著方言是安徽人民长期使用的本地方言；移植方言是近代移民从外地带到皖南来的客籍方言。

安徽的土著方言有：皖北中原官话、皖中江淮官话、皖西赣语、皖南宣州吴语、皖南徽语。移植方言有：湖北移民带来的西南官话，河南移民带来的中原官话，湖南移民带来的湘语，以及由闽西移民和浙江龙游移民带来的客家话和畲话。

一、皖北中原官话

"中原官话"是汉语官话方言之一。安徽淮北十七个县市和沿淮以南五个县市的方言均属中原官话，故称皖北中原官话。

(一)语音特征

1. "哀、袄、欧、安、恩、额"等普通话读开口呼零声母的字，方言都读成舌根浊擦音[ɣ]声母。

2. 方言把普通话收 i、u 尾的复韵母字都读成单元音韵母，把"安、恩、昂、亨"等普通话读鼻韵母字大都读成鼻化音韵母。

3. 都是四个声调。古全浊上声字今归去声，古清入和次浊入声字大都归阴平，古全浊入声字大都归阳平。例如：失＝诗，食＝时，跪＝柜、贵。

4.阜阳、界首、亳县等地话有将sh拼合口呼韵母的字读成f声母的情况。例如：书＝福，水＝匪，双＝方。

5.寿县、淮南、凤台等地话有f与h拼合口呼韵母字不分的情况。例如：夫＝呼，飞＝灰，分＝婚。

6.沿淮很多地方把普通话翘舌音声母一律读成平舌音声母。例如：知＝资，炒＝草，山＝三。同时，这些地方也没有卷舌音er（儿）韵母。

7.蒙城、涡阳、宿县等地话在齐齿呼韵母前面仍能分辨尖音和团音。例如：酒≠九，清≠轻，西≠希。

（二）词语特征

1.在亲属称谓上较特殊的叫法：祖父称"爷"，祖母称"奶"或"蟠"（音）；呼父亲为"爹"或"奢"（音达），母亲大都呼"娘"，外祖父叫"老爷"或"外老"，外祖母叫"姥娘"或"外外"。

2.在人体、生理方面说法特殊的词语：额头叫"额脑头子"，膝头叫"磕老拜子"；发疟疾说"打老瘴"，害病了大都委婉地说：不得劲、不调和、不舒坦、不郁着、不伸坦；老人去世说"老了""过辈了"，幼儿死亡说"丢了""没抓住"等。

3.具有地方特点的食品名称：大米饭叫"干饭"，饺子叫"扁食"；吃面条说"喝汤"。

4.动物、植物的特殊叫法：蟾蜍叫"癞猴子"；蛇叫"长虫"；高粱叫"小秫秫"；玉米叫"大秫秫"等。

5.地方特色很浓的动词和形容词：冲撞说"石"（一头石到南墙上）；扔、丢掉说"扳"（把它扳掉吧）；舂、砸说"榷"（榷蒜），坑害也说"榷"（他把俺榷的不能混）；"肉"具有动作慢的意思（她做事肉得不得了）等。

（三）语法特征

1.具有表示亲密色彩的包括式"咱、咱们、恁、恁们"和表示亲密色彩的亲属称谓词前缀"俺"：俺娘、俺姐等。

2.构词功能很强的谓词后缀"乎"和具有表达感情作用的后缀"胡的"。

"乎"是紧随在单音谓词之后的词缀。例如：搅乎（捣乱）、悬乎（危险）等，起到了构造新词的作用。

"胡的"是附在单音形容后面的词缀。例如：辣胡的（辣辣的）、胖胡的（胖胖的）等，表现出状态适度和说话人比较满意的心情。

3.形容词的三种前缀形式和不同的感情色彩。

XA式：通红、黢黑，这是一般的词义加强式。

X巴A式：通巴红、黢巴黑，这是略带贬义色彩的词义加强式。

X巴子A式：通巴子红、黢巴子黑，这是带有较强贬义色彩的词义加强式。

4.特殊的补语成分"很得很""××叫"。

"很得很"是表达极强程度的补语。通用于阜阳、界首、临泉等地。例如：头痛得很得很呦！那妮子口（厉害）得很得很！

"××叫"是用贴切的拟声词构成固定的补语形式，以增强叙述的夸张性和形象性。例如：枪打得啪啪叫；心跳得嘭嘭叫。

5."好"问句、"可"问句和否定句"知不道"。

"好"问句：大多用于正向性的形容词前。例如：好大啦？好高？好重？

"可"问句：既可用在形容词前，也可用在动词前。例如：可香？可精？可去？

普通话常说的"不知道"，方言习惯说成"知不道"。这种把否定副词"不"嵌在"知道"之间的说法是不符合普通话语法规律的。

二、皖中江淮官话

"江淮官话"是汉语官话方言之一。安徽江淮之间的二十一个县市以及沿江以南的贵池、铜陵、芜湖、宣州、马鞍山市等地区内的部分方言也属江淮官话,故称皖中江淮官话。

(一)语音特征

1.各地话n与l声母不分。例如:脑=老,年=连,怒=路,女=吕。

2.各地话都有ən与əŋ,in与iŋ韵母不分的现象。例如:根跟=庚耕,深身=升声,金民=京明。

3.合肥、六安、舒城等地的话,将"比、体、几"等普通话读i韵母的字,读成舌尖元音[ʅ]韵母。因而出现"鸡=资,齐蹄=瓷,喜=死"的混同现象。

4.安庆、贵池、芜湖等地的话有an与aŋ、uan与、uaŋ韵母不分的情况。例如:膀=板,党=胆,光=关,汪=弯。

5."家、敲、鞋"等来自古见晓组声母开口二等韵的字,在安庆、贵池、芜湖等方言里大都读成g、k、h声母。例如:讲=港,鸽=勘,鞋=孩。

6.合肥、六安、巢湖、滁县等地方言没有卷舌韵母和"儿化"现象。

7.都是五个声调。除了与普通话相同的四个声调之外,还有入声。入声字大都读带有喉塞音韵尾的高短调。

(二)词语特征

1.有特点的称谓词:祖父称"爹爹",祖母呼"奶奶";父亲呼"爸爸",母亲呼"妈爷"等。

2.人体、生理方面的特殊说法:脖子叫"脑颈把子",膝头叫"菠脑盖子";生病了大都说"不好过""不自在""不伸朗""不调和""不通泰";老人逝世说"老之""走了",小孩死亡大都说"丢掉了""糟掉着"。

3.有些食品名称叫法较特殊:大米饭叫"饭",元宵叫"汤果子",粉蒸肉叫"渣肉"等。

4.动物、植物的特殊名称:鸭子叫"扁嘴王",壁虎叫"四脚蛇""蝎虎子",玉米叫"六谷子"等,辣椒叫"大椒",向日葵叫"常花""朝花"。

5.说法特殊的天象、时间词:太阳叫"热头",冰雹叫"龙个子";今天说"街个""该个",明天说"埋个",大前天说"向前个""老前儿个""艾前日个",傍晚说"晚末西"等。

6.地方特色很浓的动词和形容词:拧毛巾说"扭毛巾(扭音肘)",向上爬说"猴(猴子猴到树上去了)";开玩笑说"逗猴"。小孩顽皮好动说"费"(音);"苕"(音)多用于比喻女孩子爱表现和在人前多言;说某人无用常说"不顶笼";形容愚笨不用脑子为"木骨""木瓜"或"六叶子"等。

(三)语法特征

1.形容词两种结构形式的作用。

词语加强式:XA(较强),XAXA(极强)。例如:猫软,猫软猫软;铁硬,铁硬铁硬;漆黑,漆黑漆黑。

词义描述式:AXX。例如:细作作(精工细做)、脆生生(又脆又嫩)、抠巴巴(小里小气)。

2.具有情态色彩的形容词后缀"不拉唧"和"不BC"。

A+不拉唧,可以表达"不满意"的情绪。例如:酸不拉唧、苦不拉唧、瘦不拉唧。

A+不BC,也是表达"不满意"的结构,例如:黑不拉杆、直不笼统、光不溜秋。

3.助词"之""着"的语法作用。

"之"是合肥、芜湖、巢湖等地常用的助词,"着"是安庆、桐城、贵池常用的助词。它们的语法功能相同。例如:①人来之、饭硬之。菜咸着。例如:②灯亮之。门开着。

例①表示动作或性质变化已经完成。例②表示动作、现象的持续。

4.出现在句尾的"在"及作用。

方言中有三种"在"都习惯出现在远离动词之后的句尾。

在₁与普通话的"正在"相当。例如：小明看电视在。(小明正在看电视)。

在₂用在陈述句的句尾，与普通话的助词"呢"相当。例如：门锁之在。(门锁着呢。)

在₃与普通话的介词"在"相当。例如：钥匙挂门上在。(钥匙挂在门上。)

5.安庆、贵池等地把双宾语句说成"动宾（物）＋动宾（人）"句式。例如：把一本书把我。(给我一本书)。把五块钱把我。(给我五块钱。)

三、皖西赣语

"赣语"是汉语方言之一。安徽的赣语主要分布于皖西大别山南麓和沿江两岸的岳西、潜山、太湖、宿松、望江、怀宁、东至（部分）、贵池西部等八个县市。故将这里的方言叫做皖西赣语。

(一)语音特征

1.读送气声母的字很多。有些普通话读不送气声母的字，方言也读成送气声母。例如：步读p、稻读t、共读k、在读c、丈读ch或c、旧读q等。

2.zh组声母拼合口呼韵母的字与j组声母拼撮口呼韵母的字混同。例如：肫＝军，厨＝渠，书＝虚。

3.很多地方把一些u韵母字混读成ou韵母。例如：赌＝斗，途＝头，祖＝走，苏＝搜。

4.有一些普通话读舌面音拼齐齿呼韵母的字，在这些方言里却读成了舌根音声母拼开口呼韵母。例如：讲＝港，鸽＝看，鞋＝孩。

5.都有与en、eŋ与in、iŋ韵母不分的情况。例如：更生＝根深，经营＝金银。

6.舌根音声母可以与齐齿呼 ieu 相拼。例如："狗"读[gieu]，"口"读[kieu]，"藕"读[ŋieu]。

7.声调有五个、六个的两种。共同特点是平、去分阴阳两类，全浊上声字归阳去；入声丢失塞音韵尾，与舒声韵混同。

(二)词语特征

1.有地方特征的称谓词：称岳父、母为"外父""外母"，妻子称"堂客"，男子汉称"老的"，已婚妇女称"奶奶"，小孩子和婴儿都称"伢"等。

2.人体、生理方面的特殊词：右手、左手叫"顺手""反手"，膝盖叫"脚膝头"；生病说"过不得"；人死了说"走着"等。

3.有些动物、植物的叫法很特别：肉猪叫"香猪"，母猪叫"猪娘"，种公猪叫"爵猪"，蝴蝶叫"扬叶"，蟋蟀叫"夜狗"，公鸡叫"鸡公"，母鸡叫"鸡母"，玉米叫"玉榴"等。

4.有些食品、用品的名称较特别：大米饭叫"饭"，各种面粉用不同方式做的饼都叫"粑"；棉鞋叫"暖鞋""絮鞋"，绳子叫"索"等。

5.特殊的指代词语：方位指代词有近指"得的"，中指"嗯的"，远指"喂的"；疑问词有"么事""几多""索的搞"；复数人称代词说"我几"或"我者"，"尔几"或"尔者"（尔读[n]）。什么地方说"么处块"。

6.具体特点的动词：拿说"搞"，站说"倚"（音起），玩说"戏"，吵嘴说"讲口""驳嘴"，打架说"角孽"等。

7.有地方特色的形容词：待人和睦说"莫逆"，反之说"忤逆"，邋遢说"赖汰"，女人贤惠说"停当"，不贤惠和不懂事理说"懂答"，长相漂亮说"齐整"等。

(三)语法特征

1.动词后"到"和"脱"的不同语法功能。

"到"出现在动词后时，读轻声，表示动作持续。例如：倚到唱，脚又酸；坐到唱，嘴又干。

"脱"出现在动词后面，读轻声，表示动作结束。例如：小伢跑脱着。佢的戒指落脱着。

2.双宾语句的宾语顺序问题。

普通话把"给我一本书"双宾语句中的"人"置于"物"之前，而方言却习惯将"物"置于"人"的前面。说成：把本书我。把五块钱我。卖钵花我。

3.多种多样的强化补语程度的句式。

主＋谓—补（得死）：畏个女好看得死。

主＋谓（＋宾）—补（得死）：佢（她）痛男人得死。

主＋谓—补（"功""火色"或"化境功"）：①佢坏到功。②佢坏到火色。③佢坏到化境功。

4.不等式比较句的特殊形式。例如：今年好似旧年。牛大似猪。佢大我一岁。我长佢一头。

四、皖南宣州吴语

"吴语"是汉语方言之一。安徽的吴语主要分布在黄山山脉以北和以东的十四个县市范围内。因这里古为宣州或宣城郡辖地，所以叫做皖南宣州吴语。

（一）语音特征

1.宣州吴语虽然受江淮官话影响很大，但是它仍保存着吴语的基本特征；古全浊声母今音仍自成一类，与古全清、次清声母读音不同。例如：拜（帮）≠派（滂）≠败（并），戴（端）≠太（透）≠代（定），桂（见）≠溃（溪）≠柜（群）。

2.古全浊声母在宣州吴语中已出现不同程度的蜕变现象。这种蜕变的明显特点是：塞音擦化，浊音清化，送气强化。

3.en与eŋ、in与iŋ韵母普遍混同。例如：针真＝蒸征，林邻＝陵灵，根跟＝耕庚。

4.声调数目多少不一，读音差异较大。但以五个调居多：阴平（通）、阳平（同）、上声（董）、去声（动、冻、洞）、入声（夺）。

（二）词语特征

1.天象、时间方面较特殊的词：下降的意思都说成"落"。如：落雨、落雪。化雪了说"雪烊咯"。表示时间的"天"说"朝"，如：今（跟）朝、明（门）朝、后朝等。

2.动、植物名称的特殊叫法：蚊子叫"蚊虫"，蟑螂叫"油虫"；玉米叫"六谷"，辣椒叫"辣胡椒"等。

3.生活物品的特殊名称：面粉叫"灰面"，"馄饨"和"饺子"不分，都叫"饺子"；内衣叫"热裰"，斗笠叫"箬帽"；堂屋叫"堂前"等。

4.人体、生理方面的特殊词语：脸说"面"，脖子、手脖、脚脖说"项颈""手颈""脚颈"，左手、右手说"反手""顺手"；病了说"不好过""不自在"；害怕说"吓煞"等。

5.亲属称谓叫法特殊的词：祖父呼"公公"，父亲呼"嗲嗲"，丈夫叫"老公"或"男客"，儿媳叫"新妇"，男孩子称"小把戏"等。

6.特殊的指代词：人称代词单数分别说"我（音阿）、尔（音[ŋ]）、佢（他）"，复数分别在单数式后加"拉"或"伢"等，做什么说"做么"，什么东西说"么物事"，这里、那里分别说"格里""以里"等。

7.形容描述方面的特殊词语：长相漂亮说"标致"，反之说"丑死咯"，聪明说"精明"，愚蠢说"拙孽"，脏、不整洁说"邋遢"等。

8.行为动作方面的特殊词语：用鼻子闻说"嗅"（音烘），收藏说"囥起来"，帮助说"帮衬"，玩耍说"嬉"等。

（三）语法特征

1.具有多种语法功能的"咯""咯溜"。

"咯"读轻声。①表示肯定的语气。例如：笋子老咯。蚕眠咯。②表示动作行为的完成。例如：吃咯饭再去。卖咯旧的买新的。③表示动作正在进行，状态仍在持续。例如：尔坐咯吃。灯还亮咯。

"咯溜"读轻声。表示行为、状态已经结束。例如：人来咯溜。阿老咯溜等。

2.南部吴语有丰富的"谓词＋煞"程度补语结构形式。"煞"具有强化补语的作用。例如：恨煞、累煞、痒煞等。

3.沿江吴语把双宾语句如"给我一本书"，习惯说成"把＋宾（物）＋把＋宾（人）"的结构形式。例如：把五块钱把我。把一本书把我。

4.南部吴语把表示动作行为重复或增加的"添"，习惯置于远离动词之后的句尾。例如：嬉一日添。把五块钱添。

五、皖南徽语

"徽语"是汉语方言之一。我们把通用于皖南旧徽州府所辖的各县方言叫做皖南徽语。

（一）语音特征

1.古全浊声母在皖南徽语中已全部清化，今读塞音、塞擦音时，大都读成送气声母。例如："爬白"读p，"桃道"读t，"葵跪"读k或q，"从坐"读c，"茶"读c。

2.古知章组声母三等韵字（通摄除外），今徽语大多读成舌面音j、q、x声母。例如："张、章、周"读j，"潮、昌、春"读q。"上、收、书"读x。

3.古咸山宕江摄阳声韵和一部分梗摄阳声韵字，徽语大多丢失鼻音韵尾，读成元音韵母。

4.屯溪、休宁、婺县、祁门等地话都有以高元音为韵腹低元音为韵尾的长音韵母，以及用n收尾的儿化韵母。

5.声调以六个居多。除了平、去大都分阴、阳两类之外，古上声今音多数地方仍读上声。例如：同≠通，洞≠冻；扁＝辩、董＝动。

(二)词语特征

1.天时、地理方面的特殊词：太阳叫"日头"或"日头孔"，星叫"天星"，刮风说"发风"，天亮说"天光"，天黑说"到夜"；村头风景区叫"水口"。

2.动、植物的特殊名称：猴子叫"猢狲"，公牛、母牛叫"牛牯""牛婆"，公鸡、母鸡叫"鸡公""鸡母"；玉米叫"包芦"，茄子叫"落苏"。

3.生活物品的特殊名称：盐叫"海沙""醝子"，线面叫"索面"；各种饼类都叫"馃"；楼梯叫"阁梯"，窗子叫"槛闼"。

4.人体、生理方面的特殊词：左、右手叫"反手""顺手"，脸叫"面嘴"或"面孔"；生病说"不适着"。

5.特殊的亲属称谓词：祖父呼"朝奉""老朝"，称母亲为"姆妈"(姆音ṃ)，称丈夫为"官客"，称妻子为"堂客""堂家"或"老妪"，称儿子为"小官"。

6.具有地方特色的动词、形容词：拿说"担"(音丹)，穿说"着"，收藏说"园"，争吵说"相争""吵死"，玩耍说"嬉""戏"，小孩听话、能干说"停当""有干"。

(三)语法特征

1.动词重叠后可以连带其他成分。
单音动词重叠后可以连带补语。例如：看看清爽、听听明白、哄哄干。
单音的及物动词重叠后可以连带宾语。例如：吃吃老酒、铰铰指甲、洗洗面嘴。

2.在动词前面加方位结构表示正在进行态，例如：佢在那呐写信(他正在写信)。佢是么里看电视(他正在看电视)。

3.表示经历态的助词"过"习惯出现在宾语之后。例如：佢坐飞机过。我困觉不曾到十二点过。

4.表示行为重复或增加的"添"或"凑"，习惯出现在远离动词的句尾。例如：唱个歌添，嬉一日添，想下凑，吃碗凑。

5.表示动作行为提前一步的"起"或"着"，也习惯出现在远离动词之后的句末。例如：尔吃起，我去去就来（你先吃，我出去一下就来）。尔吃点茶着，歇一下再讲（你先喝点茶，休息一下再说）。

六、皖南客籍话

皖南客籍话是清末太平天国战争之后，通用于宣、郎、广、宁国等县的外地移民带来的方言。移民带来的方言种类很多，这里只重点介绍湖北话和畲话。

湖北话概况

湖北话属于西南官话方言。皖南的湖北话主要是由鄂东北大别山区的部分移民带来的。由于沿长江以南地区说这种话的人口最多，分布面大，所以至今仍保持很强的独立性。

(一)语音特征

1.n与l声母不分。例如：脑=老，年=连，怒=路。

2.有舌尖后圆唇元音构成的韵母。此类字普通话大都读撮口呼和合口呼韵母。例如：猪=居，书=虚，船=权。

3.丢失u韵头现象较多，合口呼韵读成开口呼韵。例如：堵=斗，孙=森，短=胆。

4.四个声调。古入声字今读阳平。

(二)词语特征

1.特殊的亲属称谓词：祖父呼"老老"，祖母呼"婆婆"，丈夫叫"老板"，称妻子为"堂客"，小孩称"娃儿"（男娃儿、女娃儿）。

2.具有地方特色的动、植物名称：种公猪叫"郎猪"，老鼠叫"高客""老梁子"，蝙蝠叫"洋老鼠"；辣椒叫"海椒"，植物的穗儿叫"吊子"等。

3.生活用品的特殊叫法：衬衣叫"热褂子"，肥肉叫"老让"，手帕叫"手捏子"，砚台叫"砚盘"等。

4.说法特殊的动词、形容词：玩耍说"嬉嬉"，买药说"抓药"，事办糟了说"砸锅"，吃说"嘎"；奇怪说"雀气"，过劲、很行说"来斯"。

（三）语法特征

1.用"把"字构成的两种句式：第一，用"把"构成的被动句。例如：小二把长虫咬了。脚踏车把汽车轧坏了。第二，用"把"构成的主动句。例如：我不把他也不把你。你想把哪个就把哪个。

2.比较句的两种常用比较方式：第一，A＋跟＋B＋形。例如：牛跟羊大。他跟我大。城里跟乡里热闹。第二，A＋形＋B＋数量。例如：我高他一头。他大我两岁。小王多我五块钱。

3.双宾语句习惯说成连动句。例如：把本书把我。把包烟把我。同时，方言还颠倒了宾语的先人后物的顺序。

畲话概况

畲话是畲族移民后裔说的话。他们的先辈大都是从浙江龙游县迁来宁国云梯乡的。

（一）语音特征

1.古全浊声母今为塞音塞擦音时，一律读成送气清音。例如："爬、被"读p，"旗、舅、丈"读q，"坐、昨"读c。

2.没有翘舌音声母。例如："主"读成"举"，"师"读成"丝"。

3.古咸山宕江摄阳声韵字鼻音尾脱落，一律读成鼻化音韵母。

4.去、入分阴阳，入声韵都收喉塞韵尾。

（二）词语特征

1.自然、天象方面的特殊词语：太阳叫"日头"，月亮叫"月光"，刮风说"刮冰"，下雨说"落水"，打闪说"仓闪"，打雷说"响老公"，明天、后天说"添晡日""下晡日"，上、下午说"艳头""艳昼"。

2.特殊的亲属称谓词：祖父称"公"，祖母叫"姐"（音佳），外公、外婆分别称"太公""太婆"，舅父、舅母分别叫"娘舅""娘舅母"，姨夫、姨母叫"娘丈""娘姨"。

3.生活用品的特殊叫法：锅叫"镬"，筷子叫"饭箸"，竹席叫"簀"。吃早、中、晚饭说"食艳头""食阳昼""食暗晡"。

4.动、植物的特殊名称：公牛、母牛叫"老牯""老娘"，种公猪和产崽母猪分别叫"爵猪""猪娘"，公鸡、母鸡叫"鸡公""鸡娘"，萤火虫叫"萤火蚁"，臭虫叫"壁蝐"；稻子叫"谷"，高粱叫"秫"，玉米叫"包芦"，南瓜叫"金瓜"，芝麻叫"油麻"。

5.复数人称代词和人体名词：脸说"面"，左手说"大手"或"反手"，右手说"正手"，左、右脚说"反脚""正脚"；人称复数式说"我乃""你乃""佢乃"。

（三）语法特征

1.表示数量的"多""少"习惯出现在动词之后。说成："动+多……"的句式。例如：着多一件衫。食少点。

2.比较句的特殊表达形式：今晡日比大晡日过冷。鸭卵比鸡卵过大。

［原载《中国民间歌曲集成·安徽卷》，中国ISBN中心2004年版］

徽州民间歌谣中的妇女形象

徽州妇女在历史上经受"三纲五常""三从四德"等封建礼教思想的束缚，长期过着极为卑贱、凄惨的生活，但是她们却依然勤劳善良，坚韧不拔，追求和向往幸福美好的生活。这一切，在徽州民间歌谣中都有很真切的写照。

一

"男尊女卑""重男轻女"是封建社会套在妇女身上的第一个沉重的枷锁。在这种思想的统治下，父母对生男生女的态度是不一样的。正如休宁民谣《看娘亲》中所唱的："生儿犹自可，生女冷冰冰。"方言里还有"拆屎女""赔钱货"等贬称女子的说法。女人的命运完全是掌握在父母和男人手中的。只要经过媒人撮合，对换八字，女人的终身大事就听天由命了。这种封建思想的灌输在幼年时期就开始了。例如歙县童谣《月亮大大》唱道：

> 月亮大大，开门呢呀①。
> 堂前②哪个来？
> 外公外婆来。

---

①呢呀：开门声。
②堂前：堂屋。

来做么唉①

帮尔家女②做个媒。

做到哪里？做到青山坞苦竹培③：

挑水十五里，浇菜过山培；

听不着家鸡叫，只听着野鸡啼；

望不着娘家有人来，看的着猢狲④爬树皮。

这首童谣既唱出了山区人民生活的艰苦环境，也对幼女灌输了包办婚姻的教育。它告诉女子尽管那里的生活条件非常恶劣，也得听从父母的安排。

"女孩缠足"是旧社会强加在妇女肉体上极其残酷的做法。休宁民谣《小脚苦》就是对这一罪恶行径的控诉：

点点脚，绕仿绕，

绕上田塍⑤摘羊角⑥。

羊角不曾生，上山摘黄樱⑦。

黄樱不曾红，下城买灯笼。

灯笼红彤彤，照我嫁老公⑧。

嫁个洋学生，讲我有眼不识丁，一双小脚得人憎。

公婆犹自可，丈夫要离婚。

我怨娘亲心肠狠，娘讲裹脚是正经。

①做么唉：做什么。
②尔家女：你的女儿。
③培：坡，苦竹培即苦竹坡。
④猢狲：猴子。
⑤田塍：田埂。
⑥羊角：豆角（菜名）。
⑦黄樱：野山果。
⑧老公：丈夫。

我要上学识个字，娘亲骂我囡儿①精。

害着做囡仍一生。

更令人难以接受的是"细新妇"（童养媳）和"等郎媳"制度。它是封建社会对家境贫寒女孩儿在精神上的又一无情摧残。休宁民谣《等郎媳》就是对这种制度的悲愤控诉：

娘呀娘，做事真荒唐：

尔讲把我掭②个好人家，童养媳等童年郎，

我大佢③十岁怎样讲？不像老婆不像娘。

佗④着要拉尿，哭着要吃糖，日间领佢嬉⑤，

夜间佗上床，天光起来帮佢着衣裳⑥。

等到郎大我已老，命里注定没有想⑦。

以上两首民谣都采用了第一人称的手法，分别叙述了妇女因"缠足"和因"等郎"而痛苦一生的悲惨遭遇，有力地控诉了这些残害妇女的封建制度。

二

在徽州还有很多年轻妇女常年承受着孤寂和爱情饥渴的煎熬。这是因为徽州地处山区，土地瘠薄稀少。明清以来，男子就有外出经商谋生的习惯。长此以往就形成了男人"春出家门冬归里"制度。那种男子多年不归家的情况也是司空见惯的。因此就出现了民歌中所唱的情景：

---

①囡儿：女儿、女孩。

②掭：给。

③佢：他。

④佗：抱、背。

⑤嬉：玩。

⑥着衣裳：穿衣服。

⑦没有想：没有指望。

日间自家去莳田①，夜间孤灯来陪伴。

一张床梿半边空，两个枕头一只闲。

夜间做梦喜悠悠，梦见情郎困床头。

五更鸡叫惊破梦，花枕巾上泪湿透。

到了年节假日，夫妻虽然得以短时间的相聚，但是这对常期分离的情人来说，既是最美好的时光，也是最难割舍的时刻。因为送别丈夫上路时那种牵肠挂肚的悲苦就会再次降到她们的身上。歙县的《十送郎》就是一首描写送夫上路依依惜别的民歌。歌词是：

一送郎，送到枕头边。拍拍枕头睡睡添②。

二送郎，送到床面前。拍拍床梿坐坐添。

三送郎，送到槛闼③边。开开槛闼望望天。有风有雨快快落，留我郎哥歇夜添。

四送郎，送到房门边。左手摸门闩，右手摸门闩，摸不着门闩哪一边。

五送郎，送到阁桥头④。左手搭栏杆，眼泪在那流；右手拉起罗裙⑤揩眼泪，放下罗裙凑地拖。

六送郎，送到厅堂上，左手帮哥哥撑雨伞，右手帮哥哥拨门闩。

七送郎，送到后门头⑥。开开后门一棵好石榴。心想摘个石榴郎哥吃，吃着味道好回头。

八送郎，送到荷花塘。摘些荷叶拼张床：生男叫个荷花宝，生女

①莳田：在水田里耘耙、清除杂草。

②添：再，睡睡添即再睡一会儿。

③槛闼：窗子。

④阁桥头：阁桥即楼梯。阁桥头即楼梯口。

⑤罗裙：用绫罗做成的旧式长裙。

⑥后门头：后门口，后门边。

就叫宝荷花。

九送郎，送到灯笼店。哥哥尔不要学灯笼千个眼，要学蜡烛一条心。

十送郎，送到渡船头①。叫一声：撑船哥，摇橹哥，帮我家哥哥撑得稳掇掇②。

船工唱：我撑船撑得多，摇橹摇得多，不曾看着尔嗯个③嫂娘④屁哩屁罗嗦。

再如，历史上曾为歙州属地的淳安流行的民歌《送情郎》，描写的也是这样的内容：

> 一送情郎天井边，一朵乌云盖着天；
> 菩萨保佑落雨雪，妹留情郎嬉日添。
> 二送情郎大门边，手把情郎衣裳牵；
> 问声情郎哪日来？八月中秋再团圆。
> 三送情郎杨梅垅，满垅杨梅乌葱葱；
> 情郎爱吃红杨梅，杨梅摘时再相逢。
> 四送情郎大桥头，溪水清清日夜流；
> 结拜夫妻情意深，妹盼情郎早回头。

以上两首民歌都是以送别情郎为题材的。它们的共同点是：主人公的感情真挚、动人。

---

①渡船头：渡口。
②稳掇掇：稳稳当当。
③嗯个：这个。
④嫂娘：嫂嫂、大嫂。

三

徽州妇女出嫁之后，不管她娘家的地位如何，都要处于婆家成员中最低下的一员。除了孝敬公婆，听从丈夫的训教，承受姑子叔子们的闲言碎语之外，还要做一个忠实的为婆家各成员服务的奴仆。绩溪民歌《蜘蛛吊水》就真实地记述了这一情况：

蜘蛛吊水过栏杆，暴做①新妇三年难。

清早挑水十八担，一夜推磨到天光②。

公婆进来吓一跳，小姑进来心一慌。

服侍大来服侍小，闲言闲语听多少。

困上床来细细想，翻来覆去无处讲。

再如，休宁民歌《潘家媳妇》唱的也是这样的内容：

有囡勿要③嫁潘家郎，潘家媳妇最难当；

上碓舂米下碓量，赖我窃米掃爹娘。

爹娘不是贫苦人，也是大屋高门墙；

东边有厅好请酒，西边阁下④好乘凉。

出嫁的妇女即使终日劳作，唯唯诺诺听从夫训，一旦丈夫变心，丈夫就可以将妻子像物品一样卖于他人。这种把妇女当作奴隶一样出卖的现象，在徽州的历史上并不罕见。歙县民歌《十别》就唱出了这样一个受迫害者的心声：

①暴做：突然做。

②天光：天亮。

③勿要：别、不要。

④阁下：楼下。

少年夫君起黑心，踢打妻子想别人。

别人妻子不长久，石板栽花不生根。

二别别到我家公，我家公公听分明：

尔家孩儿要卖我，一碗热茶靠何人？

三别别到我家婆，我家婆婆听分明：

尔家孩儿要卖我，锅头①淘米靠何人？

四别别到我家儿，我家小儿听分明：

尔家相公②要卖我，供书上学靠何人？

五别别到我家女，我家小女听分明：

尔家爹爹要卖我，梳头包脚靠何人？

六别别到我家伯，我家伯伯听分明：

尔家弟弟要卖我，浆洗衣裳靠何人？

七别别到我家叔，我家叔叔听分明：

尔家哥哥要卖我，菜园地里靠何人？

八别别到我家姑，我家小姑听分明：

尔家哥哥要卖我，分猪③端食靠何人？

九别别到灶下头，灶司老爷听分明：

尔家相公要卖我，装香点灯靠何人？

十别别到大堂前，太公老爷听分明：

尔家少爷要卖我，揩桌扫地靠何人？

从这首民歌的字字行行中，我们既听到了一个勤劳、善良妇女的凄惨哭诉声，同时也感受到了她的悲愤和抗争精神。

此外，徽州女人还会受到另外一种痛苦遭遇。在那弱肉强食、相互倾

①锅头：锅灶边。
②相公：男主人。
③分猪：喂猪。

轧，灯红酒绿、充满邪恶的旧社会里，有很多徽州商人因为染上吸毒、嫖娼、赌博等恶习而弄得倾家荡产。这种悲惨遭遇也是徽州妇女比其他地方女性受到较多的一种痛苦。黟县民谣《徽州妇人实可怜》述说的就是这样的故事：

徽州妇人实可怜，讲起苦来不堪言。

幼年指望官人①好，老来又望子孙贤。

男人当做男子汉，供养妻儿理当然。

出门奔波做生意，长年累月难归还。

妇人在家勤劳作，脚小鞋尖也做田。

上山斫柴②供家计，日子温饱也安然。

可恨官人不成器，妇人日子似黄莲。

花街柳巷鬼斯混，被人轻来被人嫌。

鸦片烟瘾多发作，黄皮瘦骨泪涟涟。

妻儿首饰卖净光，屋宇坦田变青烟。

三餐茶饭无来路，吵死哭死也枉然。

冤家一死无忧愁，纸人纸马葬深山。

妇人焚香拜上苍，祈求神灵保平安。

苦做几年还清账，省吃俭用积银钱。

柴米油盐般般有，金银细软置办全。

孙男孙女绕膝嬉，熨熨贴贴③到人前。

门庭生辉亲友多，杀猪宰鸡办酒筵。

妇人华贵堂前坐，人人都讲妇人贤。

故事中经商的丈夫不成器，沾染了恶习，败坏了家产，给妻子儿女的

---

①官人：丈夫。

②斫柴：砍柴。

③熨熨贴贴：本指做事完满周到，此处有风光体面之意。

生活带来了极大困难。徽州妇人不仅经受了艰辛生活的磨练，承担了养家糊口教育子女的责任，而且还在逆境中艰苦奋斗，靠自己的力量战胜了困难，重新创业，实现了徽州女子的价值，受到族人和亲友的尊重。能够做到这些，需要多么坚强的毅力！需要多么惊人的才干啊！

四

徽州妇女也像旧中国其他妇女一样，姻缘是由父母确定的。但是作为长期在外经商者的妻子来说，她们经受的离别情，相思苦，实在是其他地区的妇女较少体验到的。同样，痛苦的生活、不平等的待遇也可以起到清醒剂的作用，启示并激励那些敢于同命运作斗争的徽州妇女。她们终于唱出了"自古到如今，男女配婚姻，男想讨个好老婆，女想嫁个好老公，两厢情愿多称心"，"打破包办婚姻，自己做主定终身"。黟县民歌《木樨开花》唱的就是青年男女敢于同封建包办婚姻作斗争的歌儿：

> 男：墙里小姐摘木樨，墙外书生讨一朵。
> 女：一朵两朵犹自可，就怕闲人是非多。
> 　　阿家爹娘规矩紧[①]，阿家爹娘家教好。
> 　　前门上了双金锁，后门贴了纸封条。
> 　　白绫铺地石灰撒，红绫帐上金钟摇。
> 男：男有心，女有意，
> 　　哪怕山高水又急，
> 　　哪怕爹娘多规矩。
> 　　送阿一朵木樨花，终身定在花树下。

自由恋爱结下的果实是甜蜜的，青年人当然会珍惜这来之不易的幸福。绩溪民歌就唱道：

---

①规矩紧：规矩严格。

俺送情哥大门前，木槿花下并肩行；

俺俩要做白头鸟①，不学木槿一日红。

俺送情哥白沙河，白沙河里有对鹅；

鹅成双来人成对，俺跟情哥乐呵呵。

这首民歌用生活中常见的物种打比方，决心要做"白头鸟"，不学只能开放一天的"木槿花"；盼望自己的夫妻生活能像成双成对的纯洁的"白鹅"一样幸福快乐。这么朴素的比喻不是让我们感到更加真实、亲切吗？

再如黟县民歌《茅草青青》唱道：

茅草青青啊，葛筋金黄黄；

打双新草鞋，稚哥快穿上。

箬皮青青啊，竹篾金黄黄；

打顶新箬笠，稚哥也戴上。

麦苗青青啊，油菜金黄黄；

出门稚哥哥，把妹记心上。

热恋中的姑娘将自己亲手编织的"草鞋""箬笠"送给即将出门赴外地经商的情人穿用，希望情哥经常见物思亲，勿把自己给忘记了。这是多么朴实、动人的感情啊！

祁门民歌《望亲人》也唱出了一个热恋中姑娘的真情：

我家住在杉树林，手把杉树望亲人。

娘问女儿望什么？数数杉树几多根。

几多根？哪知我在望亲人。

---

①白头鸟：白头翁（鸟）。

干妹住在竹子窠①，手把竹子望情哥。

娘问女儿望什么？数数竹子几多棵。

几多棵？哪知我在望情哥。

　　姑娘思念情哥的心情尽管是那样的强烈，但是当母亲问女儿"望什么"时，女儿还是将自己的真情深深地隐藏在心底，却谎称"数数杉树几多根""数数竹子几多棵"。这种写法更加生动地刻画出姑娘渴望见到心上人的急切心情和姑娘在娘亲面前难以启齿的娇羞之态。

　　也有一些徽州民歌唱出了觉悟了的徽州妇女不再一味追求"荣华富贵"，择夫的标准变得更加实际。她们非常重视现实生活是否过得幸福快乐。例如，黟县民歌《过路哥哥莫多言》就鲜明地表达了她们的心声：

男：好塘清水好塘莲，好个女子坐塘舷。

女：过路哥哥莫多言，一心出门去赚钱。

男：红花美女处处有，只恨银钱不凑手。

女：十指尖尖白笋芽，肩头担饭手拎茶。

男：当初叫尔嫁畀②阿，冬着绫罗夏着纱。

女：不嫁畀尔出门郎，三年两头守空房。

　　不嫁畀出门老鸦喳，两年三年不归家。

　　宁愿嫁畀种田郎，泥脚泥手爬上床。

　　日陪公婆堂前坐，夜陪夫君困绣房。

　　徽州民间歌谣告诉我们：徽州妇女是旧中国妇女中遭遇最悲惨的人，同时她们也是最不平凡的人。因为她们经受了那么多痛苦的磨练，用自己的血泪撑持了一个个和睦的家庭，用乳汁和汗水养育了徽州大批的人杰，用辛劳和智慧推进了徽州文化的发展。

①窠：窝。
②畀：给。

致谢：拙文承蒙徽州籍文学评论家安徽师范大学汪裕雄教授审阅，谨表谢意。

［原载《安徽师范大学学报》（人文社会科学版）2005 年第 2 期］

后　记

　　衷心感谢安师大文学院的领导同志，在我暮年的时候，将我的文章整理成册出版。这是党组织对一个劳动者的肯定和勉励！我感到荣幸和欣慰！

　　1956年8月，我被安徽省教育厅派往北京参加北京语音研究班（第二期）学习。这个班是教育部和中科院语言研究所为培养汉语规范化人才而举办的。主要开设"普通话训练""汉语音韵学知识"和"汉语方言调查"等课程。学习结业后，1957年2月，省教育厅分配我到安徽师范学院中文系从事安徽方言普查工作。用了三年多的时间，我普查了四十多个县市的方言并分别写出了《方言调查报告》。还和同仁们撰写了总结性的《安徽方言概况》（1962年9月省教育厅铅印，内部发行）。

　　六十年代初，我开始了中文系的教学工作。在三十多年里，我先后担任"现代汉语"和"汉语方言及调查"课的教学工作。此间我还与同仁们编写了供自学成才学生使用的《现代汉语》和新世纪高等师范院校学生使用的教材《教师口语——表述与训练》（华东师大出版社1994年版）。

　　为了提高教学质量，我还做了一些方言研究工作。主要成果包括：著有《安徽方音辨正》（12.7万字，安徽人民出版社1961年版）；应约参与撰写北京大学中文系语言学教研室编的教学参考书《汉语方音字汇》（文字改革出版社）和《汉语方言词汇》（语文出版社）中有关"合肥方言"的内容；为《安徽大辞典》（上海辞书出版社1992年版）撰写了"安徽方言"部分；为教育部社科"九五"规划项目《安徽文化史》（南京大学出版社2000年版）撰写了5万多字的"安徽方言"的内容；为现代汉语方言音库编写了《歙县话音档》（7.3万字，上海教育出版社1997年版）；为国家"八五"规划重点图书，语文出版社1996年版的《普通话基础方言基本词汇集》（语音卷上、下，词汇卷上、中、下）撰写了关于"芜湖方言"的内容。

"盛世修志"，我荣幸地参加了安徽省编纂"志书"的事业。先后为我省撰写了《安徽省志·方言志》（88万字，方志出版社1997年版），为我省南部、中部四十多个县、市和行署地区的志书分别撰写了"方言篇"。此外，我还撰著了"徽州文化全书"中的《徽州方言》（37.3万字，安徽人民出版社2004年版）一书。

综上所述，我一生中做的都是推广普通话和方言调查研究的工作。这正是党培养我的目的和要求。我谨以此向党回报。同时，我也衷心希望新的接班人把这项事业发扬光大！

孟庆惠

2017年5月12日